LA ANSIEDAD

31 DÍAS: DEVOCIONALES PARA ADOLESCENTES

Una serie de P&R Publishing
en asociación con Rooted Ministry

Chelsea Kingston Erickson
Editora de la serie

LA ANSIEDAD

En busca de una mejor historia

LIZ EDRINGTON

PUBLISHING
P.O. BOX 817 • PHILLIPSBURG • NEW JERSEY 08865-0817

Para Marthy Ro, Becky Lanks y Jenny Stew:
sus luchas me animan, su resiliencia me inspira
y su amistad aviva mi alma. La fidelidad de Dios es
más evidente cuando pienso en ustedes

CONTENIDO

CONEXIÓN DISFRUTADA

CÓMO ENTENDER LA ANSIEDAD

El estómago como un puño apretado. Sudor en las palmas de las manos. Dificultad para respirar. Una mente como un carrusel que da vueltas sin control.

Estos son síntomas clásicos de la ansiedad.

Cuando estaba en la preparatoria, tenía que comer algo al menos tres horas antes de mis partidos de fútbol. De lo contrario, la cena de espagueti me perseguiría el partido entero… y podría hacer una reaparición poco agraciada en el campo.

Mi ansiedad antes de un partido era intensa. Y por mucho que lo intentara, no podía *convencer con palabras* al nerviosismo para que se fuera. No podía controlarlo. Era poderoso, molesto y frustrante. Odiaba cómo tenía que organizar mi día entero en torno a él.

De adolescente, solo intentaba sobrevivir a mi ansiedad. Ahora, como consejera de salud mental, me pregunto qué podría haber sido diferente en aquel entonces si la hubiera entendido mejor. He escrito este devocional para que, durante los próximos treinta y un días, puedas experimentar claridad y consuelo en tu estrés y ansiedad al leer sobre la esperanza que Dios nos ofrece a través de Su Palabra.

De una persona que batalla con la ansiedad a otra: no estás solo. Comencemos.

¿Qué es la ansiedad?

En su sentido más básico, la ansiedad es una emoción. *No forma* parte de nuestra identidad o personalidad. Podemos sentir la ansiedad en el cuerpo cuando el corazón se acelera, la respiración se entrecorta y el estómago se tensa. La ansiedad nos pone en estado de alerta, queramos o no. A veces nos rascamos la piel, nos tiramos del pelo o nos mordemos las uñas. La ansiedad suele ir acompañada de pensamientos preocupados y de miedo.

La ansiedad puede parecer un enemigo, pero en realidad es la respuesta natural del cuerpo al estrés. Demasiado estrés puede ser dañino, pero todos necesitamos un estrés bueno para crecer. Piensa en cómo aprendemos a caminar: nuestros músculos tienen que sufrir estrés para fortalecerse. Sentimos estrés cuando aprendemos nuevas habilidades con un instrumento o en un deporte o cuando nos arriesgamos a hacer una nueva amistad o a tener conversaciones difíciles. La ansiedad puede ser incómoda, pero no *siempre* es algo malo.

Cuando las cosas estresantes provocan ansiedad, la forma en que *respondemos* a esa ansiedad puede marcar una gran diferencia en lo abrumadora que llega a ser.

Hay una imagen que quiero que recuerdes: la ansiedad es como una gran ola en el océano que tienes que superar. Al igual que la ansiedad, una ola es poderosa. No es ni buena ni mala. Sí, una ola puede destruir castillos de arena… pero también es estupenda para surfear.

Imagina estar en frente de una ola con la mano extendida y decir: «¡Detente, ola!». Esto sería completamente ridículo (aunque quizás cómico), y todos sabemos que no funcionaría. Pero así es como solemos tratar la ansiedad. Nos decimos a nosotros mismos que nos calmemos de una vez. Al final, nuestro «¡Detente!» no funciona; nuestra ansiedad nos tumba y arrastra como lo haría una ola del océano. Nos sentimos derrotados. Frustrados o avergonzados, suponemos que algo debe andar mal con nosotros.

Tener ansiedad no significa que no tengas suficiente fe o que seas un «mal cristiano». No estás *mal* por tener ansiedad. Casi todos sienten ansiedad en algún momento u otro. Así que, si no puedes detener la ola de emoción por la fuerza de voluntad, ¿cómo la superas?

Como las olas, las emociones suben y bajan y siguen su curso. Tienen un principio, un punto medio y un final. Cuando aprendes a sobrellevar tus emociones con Dios, a abrirte paso a través de ellas, no tienden a derribarte tan a menudo. Puede sonar extraño, pero esto puede significar que necesitas *abordar* tu ansiedad, como si estuvieras surfeando esa ola. Abordar la ansiedad puede ser tan sencillo como hablar de ella con alguien de confianza. Estudiar este devocional, ya sea por cuenta propia o con un padre o líder de jóvenes, te será de gran ayuda para lograr este objetivo. En lugar de desgastarte gritándole a la ola que se detenga, se te invita a contemplar las formas que Dios te ha dado para vivir con tu ansiedad, para sobrellevar estas emociones desde el principio hasta el final.

Las olas de la ansiedad a veces no cesan. Pero, aún si ese es el caso, esto no significa que hayas hecho algo mal. Es un recordatorio de que todos somos obras en progreso. A mí también me pasa. Todavía no soy una surfista profesional de la ansiedad, pero ahora tengo muchas historias de cómo Jesús se ha encontrado conmigo en la belleza y el poder cuando he batallado con esto.

Cómo Jesús sale a nuestro encuentro en nuestra ansiedad

El Señor no está menos presente con nosotros cuando estamos ansiosos y estresados. De hecho, nos ama *en medio de* nuestra ansiedad y nos ofrece esperanza. Incluso le da sentido a nuestra ansiedad a la luz de Su gran historia de la redención de la humanidad. Para encontrar ese amor, esa esperanza y ese sentido, acudimos a la Palabra de Dios:

> Le ruego que Él les conceda a ustedes, conforme a las riquezas de Su gloria, el ser fortalecidos con poder por Su Espíritu en el hombre interior; de manera que Cristo habite por la fe en sus corazones. También ruego que arraigados y cimentados en amor, ustedes sean capaces de comprender con todos los santos cuál es la anchura, la longitud, la altura y la profundidad, y de conocer el amor de Cristo que sobrepasa el conocimiento, para que sean llenos hasta la medida de toda la plenitud de Dios (Ef 3:16-19).

En el mundo de la consejería, se habla mucho de *grounding* (cimentarse) cuando surge la ansiedad. Los consejos, los trucos y las técnicas pueden ser muy útiles (y en este libro trataremos una buena parte de ellos). Pero, a fin de cuentas, necesitamos estar cimentados en algo más poderoso que nosotros mismos. Necesitamos una fuente de amor e identidad que sea confiable, que nos vuelva a conectar con la realidad y que no dependa de nosotros: es decir, que no dependa de nuestro conocimiento, nuestras habilidades o nuestras emociones. Como dice Pablo en Efesios, necesitamos un amor que sea más ancho que nuestros peores miedos, más largo que nuestros «y si...», más alto que nuestras mayores ansiedades y más profundo que nuestro dolor. Necesitamos el amor que supera todo conocimiento, y lo encontramos en la persona de Jesucristo.

En Jesús, encontramos consuelo y esperanza para nuestra batalla con la ansiedad. Encontramos a un Dios que puede entender por completo lo que es experimentar estrés porque Él mismo lo experimentó como ser humano. De hecho, se sintió tan abrumado en cierto momento que hasta sudó sangre (Lc 22:44). Jesús no nos deja solos, ni nos dice impacientemente que nos «calmemos». Al contrario, se acerca a nosotros con profunda compasión. Es el Dios-hombre que está *por* nosotros y *con* nosotros.

Pero Jesús fue más allá de solo identificarse con nosotros. Sacrificó Su vida y fue resucitado para que nuestra historia fuera envuelta por la Suya. En Su historia, la muerte nunca puede vencer. Esto significa que las mentiras y los miedos que nos acechan en nuestra ansiedad tampoco vencerán. Nuestro futuro prometido está lleno de belleza y alegría. Mientras caminamos con Jesús, Él nos cimenta en Su amor. Él sumerge nuestros corazones, mentes y cuerpos más profundamente en Su historia de amor: Él murió y resucitó para que pudiéramos conocer la libertad de vivir como Su pueblo amado. En Cristo, estamos seguros definitivamente.

Mi oración es que, a través de este devocional, encuentres esperanza, propósito y consuelo para tu ansiedad en la persona de Jesús. Cuando leas los pasajes de las Escrituras y practiques la respiración en oración (consulta la Caja de herramientas para la ansiedad), ruego que te encuentres más y más inmerso en la gran historia de nuestro Dios trino. Él es un Dios en tres personas: el Padre, Jesús el Hijo y el Espíritu Santo. La historia de Su amor inquebrantable, infalible, vencedor de la muerte y portador de vida es tu historia. Y el resultado depende de la obra de Dios y no de la tuya, lo cual significa que hay paz para ti en esta gran historia, incluso cuando te sientas ansioso.

La ansiedad a veces llega a ser tan abrumadora que interfiere con la vida diaria e incluso puede provocar ataques de pánico.

Un ataque de pánico es una oleada de miedo o terror intenso que puede ir acompañada de aceleración del corazón, temblores, náuseas o mareos, opresión en el pecho y pensamientos aterradores como: *Estoy a punto de morir.*

Si estás experimentando este nivel extremo de ansiedad hasta el punto de que tus actividades diarias habituales se ven interrumpidas, es hora de buscar ayuda profesional de alguien como un consejero bíblico, un consejero de salud mental, un médico o un psicólogo.

No es causa de vergüenza. De hecho, es uno de los pasos más valientes que puedes dar.

CAJA DE HERRAMIENTAS
PARA LA ANSIEDAD

Jesús, el Gran Médico, nos ha dado algunas herramientas que pueden ayudarnos a superar la ansiedad. Durante tu lectura de este devocional, vuelve a esta Caja de herramientas para la ansiedad para obtener las habilidades prácticas de cimentación conforme las necesites.

Herramienta #1: Cimentación en la respiración

Suena demasiado simple, pero la respiración intencionada es una de las mejores herramientas para lidiar con la ansiedad.

Dios diseñó nuestros cuerpos para que se calmen y se estabilicen a sí mismos. Cuando nos damos cuenta de que estamos ansiosos, lo mejor que podemos hacer es respirar hondo y dejar salir el aire lentamente. Siéntete libre de intentarlo ahora mismo: inhala por la nariz mientras cuentas hasta cuatro y luego exhala por la boca durante cuatro segundos. Inténtalo un par de veces.

El mismo Dios con el poder de crear el mundo de la nada sopló vida en los pulmones de Adán en Génesis 2:7. Él es el Creador y Sustentador de nuestras vidas y, en su caminar con nosotros, está más cerca de nosotros que nuestro aliento.

Cada artículo de este devocional te invita a inhalar y exhalar mientras piensas en palabras que te recuerden lo que acabas de leer. Te recomiendo que te des al menos sesenta segundos con tu cronómetro para practicar la respiración con estas verdades en mente al terminar tu tiempo con Jesús.

Herramienta #2: Practicar la gratitud en el ya y el todavía no

El mundo no es todo lo que debería ser. Las cosas no son perfectas. Los automóviles tienen accidentes. Los amigos nos traicionan.

Rompemos promesas. Nuestros cuerpos no funcionan bien todo el tiempo.

Ahora mismo, vivimos en un tiempo que llamamos el *ya y el todavía no*. Este es el período de tiempo entre cuando Jesús vino a la tierra y cuando Él regresará. Es un período de espera. Jesús *ya* está obrando para traer esperanza y sanidad como Rey, y *todavía no* ha regresado para arreglarlo todo.

El pecado y Satanás siguen actuando en el *ya y el todavía no*. Es por eso que, aunque seamos cristianos, seguimos experimentando el malestar de la ansiedad y luchando con las dudas. Es por eso que la muerte sigue existiendo. Pero Dios el Espíritu Santo está con nosotros en el *ya y el todavía no*. Él camina con nosotros mientras oramos y esperamos que Jesús regrese para renovar todas las cosas. Cuando Jesús regrese, el pecado y la ansiedad, la muerte y la duda, no existirán más.

La gratitud es una práctica muy útil en el *ya y el todavía no*.

En nuestra ansiedad, es bueno que miremos a nuestro alrededor y consideremos las muchas maneras en que Dios nos ha visto, nos ha amado y ha provisto para nosotros. Está bien si nuestras listas de gratitud no arreglan o detienen nuestra ansiedad. Las hacemos para fijar nuestros ojos en Alguien más poderoso que nuestra ansiedad. Darle gracias a Dios por bendiciones específicas puede ayudarnos a distraernos de pensamientos intrusivos y, en su lugar, a fijar nuestras mentes *en las cosas de arriba* (Col 3:2). Podemos estar agradecidos por la ropa que vestimos, por el sol que brilla en el cielo, por el aire que respiramos, por nuestras mascotas, porque tenemos pies que funcionan y por nuestra comida favorita. Sé específico con los elementos de tu lista. Grande o pequeña, toda gratitud es digna de ser ofrecida a Dios. Él la recibe con cariño y deleite. Considera escribir una lista de diez cosas por las que estás agradecido al final de cada día devocional.

Herramienta #3: Probar y ver que el Señor es bueno

El Salmo 34:8 nos dice: «Prueben y vean que el Señor es bueno. ¡Cuán bienaventurado es el hombre que en Él se refugia!».

En Su maravillosa creatividad, el Señor nos dio cuerpos que pueden volvernos a conectar con el momento presente cuando nos sentimos desconectados. Cuando nos sentimos abrumados por la ansiedad, podemos utilizar nuestros cinco sentidos (vista, olfato, tacto, gusto y oído) para experimentar la bondad de Dios y refugiarnos en Él.

El ejercicio 5-4-3-2-1 es una gran manera de hacerlo. Mira a tu alrededor y nombra cinco cosas que puedas ver, cuatro que estés tocando, tres que puedas oír, dos que puedas oler y una que puedas saborear. No hay problema si necesitas imaginar las cosas que puedes oler y degustar.

Salir a la naturaleza es una forma ideal de practicar el uso de los sentidos. También puede ser útil ir más despacio y fijarte en los detalles de lo que observas.

La ciencia apoya lo que nos dicen las Escrituras. Dios creó nuestros cuerpos para ayudarnos a regular nuestras emociones y calmar nuestras mentes. Nos hizo para tener una conexión profunda: con Él, los unos con los otros y con nosotros mismos. Estos ejercicios nos afectan biológicamente cuando los practicamos. Nos traen sanidad al ayudarnos a remodelar nuestros patrones de pensamiento, sentimiento y acción.

HECHOS PARA UNA CONEXIÓN PROFUNDA

La ansiedad nos inquieta. Nos hace desear todo tipo de cosas. Queremos alivio. Queremos consuelo. Queremos esperanza, seguridad y amor. Queremos saber si nuestras vidas tienen propósito y sentido.

En las Escrituras, aprendemos que Dios nos puso estos deseos en nosotros. Hemos sido diseñados para tener relaciones profundas, seguras y llenas de vida con Dios, con la creación, con nosotros mismos y los unos con los otros. También aprendemos que todos los seres humanos somos portadores de la imagen de Dios, lo que significa que cada uno de nosotros es valioso, digno de amor y digno de pertenecer.

Cuando nuestra ansiedad nos susurra mentiras acerca de nuestras vidas, nos apoyamos en nuestra relación con nuestro Creador, el que nos creó en amor a Su imagen. Descansamos en las verdades que Él nos dice sobre nuestra historia.

JESÚS ES DESCANSO

Vengan a Mí, todos los que están cansados y cargados, y Yo los haré descansar. Tomen Mi yugo sobre ustedes y aprendan de Mí, que Yo soy manso y humilde de corazón, y hallarán descanso para sus almas (Mt 11:28-29).

Hallarán descanso para sus almas.

Suena demasiado bueno para ser verdad, ¿no? Si yo fuera una de las personas cansadas entre la multitud de Capernaúm que escuchaba a Jesús decir estas palabras, es probable que estuviera pensando: *Qué atrevido. ¿Quién eres tú para decir que puedes darle descanso a mi alma?*

¡Buena pregunta! Jesús era el hombre que había atraído a grandes multitudes con Su enseñanza y predicación. Les había dado vista a los ciegos, sanado a los enfermos y realizado muchos otros milagros. Y también era el hombre que, escandalosamente, acababa de afirmar ser Dios mismo (Mt 11:27).

Como Dios y hombre a la vez, Jesús sabía exactamente lo ansiosas y cargadas que estaban las personas a Su alrededor, y les dijo: «Vengan a Mí». Su corazón estaba con ellos, y les ofreció lo que necesitaban para descansar: Él mismo.

La ansiedad puede ser una carga increíble. Nos agobia. A veces, es silenciosa y nos oprime desde adentro. A veces nos fastidia como un hermano molesto que no deja de darnos golpecitos en el hombro. Cuanto más la ignoramos, más nos molesta. Cuanto más groseros somos con ella, más se fortalece. La ansiedad nos hace sentir muy cargados.

Al igual que la gente de Capernaúm, estamos rodeados de muchas cosas que intentan convencernos de que dejaremos de sentirnos cargados si *acudimos a ellas*. Las redes sociales susurran: «Si consigues suficientes "me gusta", ¡serás valioso!». Los grupos políticos instan: «Únete a nosotros. ¡Entonces estarás en el lado correcto de la historia!». Los mantras sociales nos invitan: «¡Vive tu verdad y serás feliz!». El consumismo nos seduce: «Compra este producto, y entonces ¡encajarás!».

Algunas de estas cosas pueden ser útiles a corto plazo. Pueden proporcionarnos un lugar al cual pertenecer, un sentimiento de aceptación cultural y la esperanza de que nuestras vidas mejorarán. Pero carecen del poder y del alivio definitivos que nos ofrece el Dios que creó el universo cuando nos dice: «Vengan a Mí».

Esto es lo que hallamos cuando acudimos a Jesús:

La paz de saber que nuestra ansiedad no nos vencerá; porque, en Cristo, conocemos el final de nuestra historia, y es uno de belleza y gozo (Ap 21:1-5).

La seguridad de que nuestra ansiedad no nos define; porque, en Cristo, nuestra identidad es la de hijos e hijas de Dios (Ro 8:14-17; Gá 4:6; Ef 1:5).

La promesa de que nuestra ansiedad no es inútil; porque, en Cristo, Dios nunca desperdicia nuestras luchas. Él está obrando, redimiendo las cosas dolorosas y quebrantadas (Ro 8:28).

El consuelo de un Dios que se encuentra con nosotros donde estamos; porque, en Cristo, no somos abandonados a nuestra suerte para descifrar las cosas. Nunca estamos solos; Dios siempre está con nosotros (Mt 1:23).

El Mí en «Vengan a Mí» marca toda la diferencia del mundo. Jesús mismo es el único descanso verdadero para nuestras almas ansiosas. Él es mucho más que una filosofía, una marca, una ideología, un mantra de autoayuda o un terapeuta. Jesús es el amor encarnado, Dios cubierto de piel. Es manso y humilde. Es amable y generoso. No te pide que te ganes Su amor con rendir bien en la escuela, ser el hijo o la hija ideal o incluso deshacerte de tu ansiedad. Él te ofrece Su amor sin ataduras. Y te ofrece algo que *hacer* con hasta tu peor ansiedad: venir a Él.

Inhala: **Dios está conmigo.**
Exhala: **Jesús es el descanso para mi alma cargada.**

Se nos invita a venir a Jesús con todo nuestro ser: nuestros pensamientos, emociones y cuerpos. ¿Cómo podrías acercarte a Dios con tu mente? ¿Con tus emociones? ¿Con tu cuerpo?

LA HISTORIA COMPLETA

*En el principio Dios creó. [...] Dios hizo las bestias de la tierra
según su especie, y el ganado según su especie, y todo lo que
se arrastra sobre la tierra según su especie. Y Dios vio que era
bueno (Gn 1:1, 25).*

Cada vez que oímos «Érase una vez», sabemos que estamos a punto de escuchar una gran historia.

Del mismo modo, «En el principio» nos invita a una historia. Pero no se trata de una introducción de cuento de hadas. En vez de eso, se nos da la bienvenida a la verdadera y hermosa historia del amor de Dios por Su pueblo y por el mundo.

En esta historia, Dios es el autor. Él crea todas las cosas con creatividad e intencionalidad. No arroja al azar algunos ingredientes vegetales, animales y humanos en una olla de sopa terrenal y la mezcla, esperando que salga bien. Él forma. Él elabora. Él crea con propósito y deleite, y dice que Su creación es buena.

El Rey Jesús está al centro de esta historia, «y en Él todas las cosas permanecen» (Col 1:17). Cuando ponemos nuestra confianza en Él, somos partícipes de Su glorioso plan para redimir todas las cosas. Nuestras vidas se definen por la gracia y el amor de Jesús. Nos volvemos parte del cuerpo de Cristo —Su familia—, y cada capítulo arduo, doloroso y confuso que experimentamos adquiere valor en la misteriosa y hermosa historia que Dios está escribiendo.

¿Qué tipo de historia te está contando tu ansiedad?

Mi ansiedad es bastante miope. Se parece mucho a una mujer que vi ayer en la parada del autobús. Era obvio que se le habían olvidado las gafas, así que entrecerraba los ojos a unos cinco centímetros del mapa. Podía ver una pequeña parte del mapa pero no la imagen completa. Se estaba perdiendo el panorama global.

La ansiedad tiende a centrarse en preocupaciones específicas sin que nos demos cuenta. Cuando escribo las historias que me cuenta mi ansiedad o le hablo a un amigo, a menudo me sorprendo de lo que descubro. Oigo un miedo tras otro sobre mi valía, mi identidad, mi seguridad y mi futuro. Y solo oigo finales negativos para cada una de mis preocupaciones.

«¿Y si me presento y piensan que soy extraña?».

«¿Y si no puedo terminar esta tarea a tiempo y repruebo?».

«¿Y si mi pie nunca se sana y jamás puedo volver a correr?».

Cuando tenemos la nariz pegada al mapa al tratar de encontrar una salida de nuestra ansiedad, perdemos de vista la historia completa de la que somos parte. Cuando notamos que el estómago se nos tensa, la mente nos da vueltas y el corazón se nos acelera, es hora de volver a la historia profundamente buena y hermosa que Dios está escribiendo y que empezó mucho antes de que naciéramos.

Esta historia tiene sus raíces en la historia, no en meras filosofías o ideales. Y, en esta historia, Dios te ha elegido a ti. Tenía un plan para tu vida incluso antes de crear la tierra (Sal 139:16), y ha prometido hacer que todas las cosas cooperen para tu bien (Ro 8:28).

Cuando nuestra ansiedad reduce la gran historia a tramas más pequeñas, temerosas y negativas, podemos acudir a las Escrituras para recordar que somos parte de la historia más gloriosa que Dios está escribiendo. En esta historia, nuestro valor está seguro. Nuestra identidad está segura. Nuestro futuro está seguro. En esta historia, nuestra ansiedad nunca tiene la última palabra sobre nuestras vidas porque Dios tiene la última palabra. Él ya ha escrito el final. La muerte no vencerá, y todo se corregirá (Ap 21:3-4).

Inhala: **Dios es un buen autor.**
Exhala: **Su historia es mi historia.**

Si pudieras ver las burbujas de pensamiento de tu ansiedad, ¿qué estarían diciendo?

ORDEN A PARTIR DEL CAOS

En el principio Dios creó. [...] Entonces dijo Dios:
«Sea...» (Gn 1:1, 3).

En el principio ya existía el Verbo, y el Verbo estaba con Dios, y
el Verbo era Dios. Él estaba en el principio con Dios. Todas las
cosas fueron hechas por medio de Él (Jn 1:1-3).

La ansiedad es un tipo de caos interno.

Cuando estoy ansiosa, anhelo que alguien le traiga paz a mi cuerpo y a mi mente… así como mi profesora de séptimo grado ponía orden en mi clase. Ahuecaba las manos alrededor de su boca y gritaba en el alborotado salón: «¡Y un silencio se apodera de la multitud!». Toda la conmoción y el parloteo se detenían mientras respondíamos juntos: «¡Shhhhhhhhhh!».

Las palabras de la Sra. Doubet tenían un gran poder. Traían quietud y silencio donde antes había caos.

Una dinámica similar se da en el poder de la Palabra de Dios —«Sea»— en Génesis 1. Lo primero que consigue es imponer el orden a partir del caos. Génesis 1:2 describe a la tierra como «sin orden y vacía» al principio del tiempo y dice que «las tinieblas cubrían la superficie del abismo». Sin forma ni orden todavía, la tierra era como un pantano sin fronteras.[1] Cuando el autor de Génesis utilizó la palabra *tinieblas*, se refería a un lugar caótico. Arriba aún no era arriba. Abajo no era abajo. Puede que no haya sido un salón de clases lleno de treinta pre-adolescentes charlando, pero las cosas eran salvajes.

Las palabras de Dios no eran solo sílabas bonitas que se iban flotando en el viento. Domaron la oscura confusión y formaron toda la creación. Ordenaron el día y la noche, la tierra y el mar. Le dieron forma a nuestro mundo.

Si yo hubiera intentado utilizar la frase mágica de la Sra. Doubet en clase, mis compañeros hubieran puesto los ojos en blanco y no hubieran dejado de hablar. Yo no tenía ni su autoridad ni su poder.

Pero como el autor de nuestro mundo, Dios tiene la máxima autoridad. Sus palabras pueden *dar vida* a los muertos, como cuando Jesús le dijo a Lázaro: «¡Sal fuera!» (Jn 11:43). También pueden *traer luz* a los ojos ciegos, como cuando le dijo al hombre ciego que fuera a lavarse al estanque de Siloé (Jn 9:7). Hasta pueden *traer quietud*, como cuando calmó la tormenta (Mr 4:39).

Las palabras de Jesús no son meros consejos sobre cómo vivir una vida feliz. Sus palabras de hecho *crean* y *dan* la vida misma. Proporcionan estructura donde no la hay. También nos dan esperanza para nuestro caos interno cuando batallamos con la ansiedad. Esto tiene mucho que ver con por qué leemos, escuchamos y hablamos las palabras de Dios (de las Escrituras) los unos a los otros.

Cuando parece que no podemos bajarle el volumen a nuestra ansiedad, podemos subirle el volumen a las palabras de Dios para nosotros. Podemos escuchar lo que Él dice *sobre* nosotros: «No temas, porque Yo te he redimido, te he llamado por tu nombre; mío eres tú» (Isa 43:1). Y podemos escuchar lo que Él nos dice *a* nosotros: «La paz les dejo, Mi paz les doy; no se la doy a ustedes como el mundo la da. No se turbe su corazón ni tenga miedo» (Jn 14:27).

Dios también les da poder a *nuestras* palabras. Nombrar, describir y compartir nuestra ansiedad con alguien de confianza puede ayudarnos a domarla. Y entonces podemos ofrecérsela a Aquel que tiene el poder de hacer mucho más de lo que podemos imaginar. Él es Aquel que nos ama y nos cuida con dulzura, ofreciéndose a sí mismo como un «Shhhhhhhh» en medio del caos conforme aprendemos a confiarle nuestra ansiedad, incluso cuando no parece cambiar.

Inhala: **La Palabra tiene el poder de calmar.**
Exhala: **Él me ama en medio del caos.**

Dedícale algo de tiempo a describir tu ansiedad con palabras. Las canciones, la poesía y los salmos pueden ser útiles para esto.

ARRAIGADOS EN LA CREACIÓN

*Entonces el Señor Dios formó al hombre del polvo de la tierra,
y sopló en su nariz el aliento de vida, y fue el hombre un ser
viviente (Gn 2:7).*

¿Qué se te viene a la mente cuando oyes la palabra *mandrágora*? Si eres como yo, se te viene a la mente la imagen de la criatura chillona de *Harry Potter y la cámara secreta*. La mandrágora es una alimaña horrenda. Es una planta mágica que parece un cruce entre una patata y un bebé. Sus chillidos pueden provocar desorientación, confusión e incluso desmayos. Es del todo horrible… y no muy distinto a la experiencia de verse inundado por la ansiedad.

Cuando una mandrágora chilla, lo que más necesita es ser plantada en la tierra. Para que una mandrágora se calle, necesita que sus piececitos de patata estén conectados a la tierra.

Por fortuna, Dios creó a los seres humanos con más belleza que la mandrágora. Pero cuando nos sentimos ansiosos, nuestra necesidad de estar arraigados es bastante similar.

Génesis 2 nos dice que la humanidad tuvo un comienzo terrenal: ¡fuimos creados de la tierra! Dios nos creó de forma única, como almas encarnadas. Esto significa que no somos solo cuerpos hechos para trabajar. No somos solo cerebros hechos para pensar. Y no somos solo almas nacidas del soplo de Dios mismo. Somos una gloriosa combinación de todos estos ingredientes. Y es importante considerar que Dios no colocó a Adán —cuerpo y alma— en una biblioteca, una fábrica o una tundra ártica: lo colocó en un huerto. Todo nuestro ser, como el de Adán, fue diseñado para florecer en conexión con la tierra de la que fuimos formados.

A la ansiedad le encanta *desconectarnos* de la realidad. Ella llama nuestra atención a posibles escenarios desastrosos. Nos distrae con la incomodidad. Nos saca del momento presente y nos envuelve en una neblina de preocupación y confusión. Por fortuna, Dios diseñó nuestros cuerpos con mecanismos incorporados para calmarnos y volvernos a conectar cuando la ansiedad nos desconecta. En el mundo de la medicina, esto se llama la *conexión mente-cuerpo*. Accedemos a ella a través de los sentidos que Dios nos ha dado.

Nuestros cuerpos experimentan el mundo de forma tanto física como emocional. Con gran brillantez, Dios nos dio narices que huelen, dedos que sienten, globos oculares que ven, lenguas que saborean y oídos que oyen. Cuando nuestras mentes se suben a sus ruedas de hámster de la ansiedad, podemos fijar nuestra atención en uno de nuestros sentidos y conectarnos con la buena creación de Dios.

Cuando me siento ansiosa, me gusta fijar mi atención en mis pies en el suelo (tacto). Muevo los dedos de los pies y noto cómo es la superficie, si siento calcetines blandos, madera fría o una alfombra suave. Es incluso mejor si puedo salir con los pies descalzos. No estoy intentando solucionar o detener mi ansiedad; solo estoy fijando mi atención en otra cosa. Al notar lo frío y espinoso del pasto y la sensación de mi peso sobre la tierra, me siento atraída hacia el momento presente con Dios. Con cada pequeño detalle que capto durante este sencillo ejercicio, noto que mi respiración se apacigua, la tensión de mi estómago se relaja y los latidos de mi corazón se ralentizan. Concentrarnos en uno de nuestros sentidos tiene una capacidad biológica de calmar nuestra ansiedad y conectarnos con el momento presente.

Amigo, cuando tu ansiedad te perturbe y te desconecte, ve al exterior y concentra toda tu atención en los dedos de tus pies sobre el suelo. Observa y describe tus sensaciones al dejar que tus pies se hundan en la tierra misma de la que Dios te creó en amor. A Él le encanta salir a nuestro encuentro a través de nuestros sentidos cuando disfrutamos de Su buena creación.

Inhala: ***Mi cuerpo es un regalo de Dios.***
Exhala: ***Puedo sentir los dedos de mis pies en el suelo*** (¡Realmente practica el sentirlos!).

Lista tres maneras en las que podrías utilizar tus sentidos para disfrutar de Dios a través de Su creación hoy.

HECHOS PARA CONECTAR CON DIOS Y LOS UNOS CON LOS OTROS

*Entonces el SEÑOR Dios dijo: «No es bueno que el hombre esté
solo; le haré una ayuda adecuada» (Gn 2:18).*

Es fascinante pensar en Adán pasando el tiempo en la creación antes de que el pecado entrara en el mundo. Tuvo la oportunidad de contemplar toda la belleza de los árboles frutales, las flores y las criaturas antes de que irrumpiera el quebrantamiento. No había absolutamente nada malo en el mundo en general, pero algo en el mundo personal de Adán estaba incompleto. No había nadie con quien compartir su labor ni nadie con quien disfrutar de la belleza. Los animales no eran suficientes. Así que Dios creó un complemento para el hombre: creó a la mujer. Le dio a Adán una amiga porque no era bueno que estuviera solo.

Una de las partes más hermosas de la fe cristiana es la verdad fundamental de que los seres humanos han sido diseñados para relacionarse. Hemos sido creados para tener una conexión profunda y segura con Dios y los unos con los otros. La necesidad de amistad está inscrita en nuestro ADN. Hemos sido hechos a imagen de un Dios que está en eterna relación: Él es Padre, Hijo y Espíritu Santo (Gn 1:26). Él constantemente comparte y ofrece amor dentro de la Trinidad. Del mismo modo, nos conoce y nos invita a conocerlo a Él y a los demás.

¿Has tenido alguna vez la experiencia de sentirte realmente comprendido en tu ansiedad? ¿Como si alguien realmente *comprendiera* la forma, la sensación y la locura de tu mente ansiosa?

Cuando estoy luchando bastante, me he dado cuenta de que mi respuesta automática tiende a ser: «Deberías saber cómo resolver esto, Liz. Eres terapeuta». Y me enfoco en hacer eso mismo. Intento arreglarlo todo por mi cuenta. Hago la respiración, practico la gratitud, y utilizo una técnica de cimentación.

Sin embargo, nada se compara a invitar tanto a Dios como a un amigo afectuoso de confianza a participar en mi lucha.

«Megan, ¿tienes una hora para tomar un café el viernes? Necesito hablar de ello. Y necesito oración. Mi mente no para de correr».

Cuando mi amiga realmente me escucha, me ama y ora por mí, algo dentro de mí cambia a menudo. Me repite lo que le digo y reconoce lo difícil que es. Veo cariño y compasión en sus ojos. Empatiza conmigo, compartiéndome sus propias luchas. Y luego lleva mi ansiedad ante Dios en oración, pidiéndole que me ayude.

En su presencia y en la de Dios, soy conocida y amada en mi impotencia para solucionar mi ansiedad. Incluso si mi ansiedad persiste, mi perspectiva puede cambiar («Oh, mira, ¡no estoy sola en esto!»). O puede que mi esperanza para el futuro cambie («No tengo que soportar esto yo sola»). Se me recuerda que soy más que mi ansiedad. Soy una hija del Rey Jesús. Soy una amiga amada.

Las palabras del libro de Génesis de hoy nos recuerdan que no se supone que hagamos esto solos. La idea jamás fue que los seres humanos sufrieran solos, celebraran solos o soportaran la molestia de la ansiedad solos. Hemos sido creados para vivir la vida juntos: con Dios y los unos con los otros. Estamos hechos para las relaciones.

La soledad puede ser combustible para el fuego de la ansiedad, con pensamientos como: «Nadie sabe lo duro que es esto». Pero podemos combatirla con valentía siendo vulnerables y compartiendo con un amigo y con Dios. Podemos vivir la realidad que es la esencia del cristianismo: hemos sido creados para ser conocidos y amados. Dios desea tener una relación con nosotros, y anhela que experimentemos una relación con Él.

Inhala: **No estoy solo en mi ansiedad.**
Exhala: **Soy conocido y soy amado.**

Si Dios estuviera sentado frente a ti en este momento, ¿qué le compartirías sobre tu vida? ¿Con qué amigo podrías compartirlo?

CÓMO NOS DESCONECTAMOS

Cuando la mujer vio que el árbol era bueno para comer, y que era agradable a los ojos, y que el árbol era deseable para alcanzar sabiduría, tomó de su fruto y comió. También dio a su marido que estaba con ella, y él comió. Entonces fueron abiertos los ojos de ambos, y conocieron que estaban desnudos; y cosieron hojas de higuera y se hicieron delantales (Gn 3:6-7).

¿Recuerdas la primera vez que te diste cuenta de que algo no andaba bien en el mundo? Tal vez fue la primera vez que te caíste y te despellejaste la rodilla de pequeño. O quizás fue cuando aquella bravucona con coletas en preescolar te robó el secador de pelo de plástico morado (quizás eso solo me pasó a mí).

En algún momento, todos tenemos que enfrentarnos a la pregunta: «¿Qué le pasa a este mundo?». Es natural querer saber por qué las cosas no parecen ser como deberían. Estallan guerras. Los padres se divorcian. Los pequeños mienten. Los tsunamis arrasan con pueblos enteros. El cáncer existe. Algo anda mal: el mundo parece estar quebrantado.

Aprendemos en Génesis 1 y 2 que Dios desea una relación con Su pueblo. Desea tener una conexión profunda y amorosa con los portadores de Su imagen. Cuida de ellos y quiere que prosperen. Incluso le dio instrucciones a la primera pareja sobre cómo prosperar, diciéndoles que llenaran la tierra, la sometieran y gobernaran sobre los animales (Gn 1:28). También les invitó a comer del fruto de todos los árboles del huerto excepto de uno (Gn 2:16-17).

Dios quiere que Su pueblo confíe en Él. Él Quiere lo mejor para ellos, para nosotros.

Pero Adán y Eva decidieron vivir a su manera, y todos los seres humanos han seguido su ejemplo desde entonces. Creyeron que sabían mejor que Dios lo que más les convenía. Así que tomaron el fruto del árbol prohibido y comieron.

Con esta decisión de desobedecer a Dios, el pecado inundó el mundo. Como una gota de tinte que se esparce en un vaso de agua, el pecado manchó todos los aspectos del mundo. La creación se vio afectada. Por eso es que vemos tornados y huracanes, inundaciones e incendios forestales. Y cada parte de la humanidad fue y es afectada, incluyendo nuestras mentes, cuerpos, emociones, voluntades y motivaciones. Esto significa que nuestros pensamientos no son perfectos, nuestros sentimientos no son perfectos, nuestros cuerpos no son perfectos, y no tenemos ni la voluntad ni las motivaciones perfectas. La mancha del pecado nos desconecta de Dios, de los demás y hasta de nosotros mismos.

No estás loco: el mundo no es lo que debería ser.

No fuimos creados para vivir con el miedo y la vergüenza que Adán y Eva experimentaron después de pecar por primera vez. No fuimos creados para escondernos de Dios ni para preocuparnos por lo que los demás piensen de nosotros. Fuimos creados para vivir cara a cara con Dios en el paraíso. Fuimos creados para mantener una relación amorosa y perfecta con Él y los unos con los otros.

La Biblia entera es una historia de la incesante y amorosa búsqueda de Dios por Su pueblo. Su corazón desea que todo se arregle. Anhela vernos reconectados con él. Anhela que el mundo entero recupere la bondad que Él ideó al inicio. Como leerás durante los próximos días, por eso es que vino Jesús: para proporcionarnos la máxima reconexión con Dios. En Jesús, tenemos esperanza para nuestra ansiedad. En Jesús, podemos ser honestos cuando las cosas no parecen estar bien. A pesar de que el pecado será parte de nuestro mundo hasta que Él regrese, Jesús está obrando *ahora mismo*, arreglando todas las cosas. Él tiene el control, y Su plan se está desarrollando perfectamente, incluso en medio del quebrantamiento que vemos.

Inhala: **No estoy loco. No todo está bien.**
Exhala: **Dios está arreglando las cosas.**

¿Sobre qué te gustaría ser sincero con Dios, sabiendo que no hay nada que puedas hacer para que te ame menos?

EL DESEO DE DIOS DE VOLVER A CONECTAR

Entonces fueron abiertos los ojos de ambos, y conocieron que estaban desnudos; y cosieron hojas de higuera y se hicieron delantales. Y oyeron al SEÑOR Dios que se paseaba en el huerto al fresco del día. Entonces el hombre y su mujer se escondieron de la presencia del SEÑOR Dios entre los árboles del huerto. Pero el SEÑOR Dios llamó al hombre y le dijo: «¿Dónde estás?» (Gn 3:7-9).

¿Alguna vez te has preguntado por qué Dios preguntó: «¿Dónde estás?» en el huerto? ¡Él es el Creador del universo! Él lo sabe todo. Entonces, ¿a qué viene esta pregunta?

Uno de los grandes temas que vemos a lo largo de la Biblia es la amorosa búsqueda de Dios por Su pueblo. Una y otra vez, Su pueblo huye de Él y se esconde. Y una y otra vez, Dios los invita a volver. No se parece a ningún otro dios. No nos exige que tengamos todo organizado antes de venir a buscarnos. Viene por nosotros tal como somos. Y nunca deja de buscarnos, sin importar lo lejos que huyamos, sin importar lo bien que nos escondamos.

En el pasaje de hoy, Adán y Eva acababan de desobedecer a Dios y de elegir su propio camino en lugar del Suyo. El pecado había entrado en ellos, trayendo miedo, vergüenza y desconexión. Como resultado, se escondieron cuando oyeron el sonido de Dios en el huerto.

Adán y Eva se escondieron de Dios de dos maneras. Se escondieron detrás de unos árboles. También cubrieron sus cuerpos desnudos con hojas de higuera. Me los imagino pensando: *Por favor, no me mires. Mira mejor todo este camuflaje verde y frondoso.*

La vergüenza y la ansiedad a menudo hacen que yo también quiera esconderme. No quiero que nadie vea lo mucho que estoy batallando. Así que me pongo a gestionar mi propio camuflaje ajardinado. En la preparatoria, me escondía detrás del rendimiento académico, los logros deportivos y las actividades cristianas. Ponía buena cara y cubría mi lucha con hojas de higuera de complacencia, perfeccionismo y positivismo: cualquier cosa que distrajera a los demás de mi corazón ansioso. Era más fácil mostrar mi amabilidad y mi trabajo duro que dejar que los demás vieran lo que en realidad sucedía bajo la superficie.

Pero Dios ve nuestros corazones incluso cuando nosotros mismos tenemos miedo de verlos, y se acerca a nosotros. Su pregunta amable y directa a Adán y Eva («¿Dónde estás?») no es una pregunta de desconocimiento. Es simplemente una invitación a conectar. Nos muestra que sin importar con cuántas hojas de higuera nos envolvamos, sin importar detrás de cuántos árboles nos escondamos, Dios nunca se intimida. En lugar de distraerse, enfadarse o decepcionarse por los humanos escondidos, en Su gracia los invita a volver a Él, donde los esperan el amor y el perdón. Los busca con calidez y paciencia.

Incluso si nos confundimos sobre dónde termina nuestro camuflaje y dónde empezamos *nosotros* («¿En realidad soy una persona positiva, o estoy siendo positivo para ocultar mi ansiedad?»), el amor de Dios nos persigue a lo profundo del vórtice de nuestra ansiedad y aún a lo más profundo de la vergüenza que a menudo la alimenta. Su amor siempre nos invita a volver a relacionarnos con Él. Su deseo de volver a conectarse con nosotros no puede ser frustrado por nuestros mejores intentos de escondernos.

La pregunta al parecer sencilla de Dios en el huerto es un muestra esperanzadora de volver a conectarnos con Él totalmente, lo cual se nos ofrece a través de la encarnación, la muerte y la resurrección de Jesús. Es una expresión de Su amor inagotable, el cual nunca se dará por vencido contigo.

Inhala: ***Incluso cuando me escondo...***
Exhala: ***Dios nunca dejará de buscarme.***

¿Qué camuflaje empleas para esconderte de los demás?

CONEXIÓN ASEGURADA

Porque estoy convencido de que ni la muerte, ni la vida, ni ángeles, ni principados, ni lo presente, ni lo por venir, ni los poderes, ni lo alto, ni lo profundo, ni ninguna otra cosa creada nos podrá separar del amor de Dios que es en Cristo Jesús Señor nuestro (Ro 8:38-39).

Aunque puede parecer que nuestra ansiedad nos separa de todo lo que es bueno o esperanzador, se nos recuerda que nada puede separarnos del amor de Dios. Estamos seguros en la obra consumada de Cristo, lo que significa que los «y si…» de la ansiedad se convierten en «incluso si…».

Incluso si la persona que tienes delante piensa que eres ridículo, estás seguro en el amor de Cristo.

Incluso si no apruebas el ensayo, el examen o la tarea, estás seguro en el amor de Cristo.

Incluso si no te eligen para el equipo, el elenco o el conjunto, estás seguro en el amor de Cristo.

Incluso si el matrimonio de tus padres termina, estás seguro en el amor de Cristo.

Incluso si no puedes ayudar a tu hermano, hermana o amigo con su depresión, estás seguro en el amor de Cristo.

Incluso si no entras a la universidad que quieres, estás seguro en el amor de Cristo.

Incluso si te sientes con mancha e imposible de amar, estás seguro en el amor de Cristo.

Incluso si no consigues muchos «me gusta» o seguidores, estás seguro en el amor de Cristo.

Incluso si eres algo torpe, estás seguro en el amor de Cristo.

Incluso si la persona a la que esperas gustarle te ignora, estás seguro en el amor de Cristo.

ANCLADOS EN LAS PROMESAS DE DIOS

Por lo cual Dios, deseando mostrar más plenamente a los herederos de la promesa la inmutabilidad de Su propósito, interpuso un juramento [...] Tenemos como ancla del alma, una esperanza segura y firme, y que penetra hasta detrás del velo, adonde Jesús entró por nosotros como precursor (He 6:17, 19-20).

En la preparatoria, la esperanza me parecía algo elevado. La imaginaba como algo ligero y flotante. *Esperaba* sacar una buena calificación en un examen. *Esperaba* entrar a una buena universidad. *Esperaba* que me invitaran a una cita. *Esperaba* que el matrimonio de mis padres mejorara.

La ansiedad a menudo se escabullía hacia esta esperanza como un hostigador, burlándose: «Pero ¿y si no consigues lo que quieres? ¿Y si no todo sale bien?». Mi cerebro daba vueltas y más vueltas, preguntándose preocupado diciendo: «y si...».

Cuando me dejo atrapar por los «y si...», necesito el ancla de esperanza de la que habla Hebreos para cimentar mi corazón, mi mente y mi cuerpo. Necesito que Dios sumerja todo mi ser en la gran realidad de Su inmutable propósito.

Desde toda la eternidad, el propósito de Dios ha sido llenar al mundo con Su gloria y Su amor. Una forma concreta de hacerlo es creando una familia para sí mismo. Vemos esto a través de la promesa del pacto (juramento) que hizo con Abraham (Gn 12:1-3). Pese a que Abraham era muy viejo y parecía imposible, Dios prometió bendecirlo con muchos descendientes. En el Nuevo Testamento, descubrimos que la promesa a Abraham se cumplió a fin de cuentas con la muerte de Jesús, haciendo a todos los que confían en Él hijos de Abraham (Gá 3:7).

Cuando tú y tu amigo levantan sus meñiques y los unen para jurar que cumplirán su parte del trato, su promesa depende de que cada uno de ustedes sea fiel a esa promesa. Ambos tienen que cumplirla. Pero con la promesa de Dios a Abraham, la realidad es que Él hizo el juramento *sobre sí mismo*: el único que es perfectamente digno de confianza y veraz. Él es literalmente incapaz de mentir o de romper Sus promesas. Cuando Cristo murió, fue como si Dios estuviera sosteniendo Su propio meñique, haciendo lo que prometió hace tanto tiempo. Del mismo modo, ha cumplido tu parte del trato, pagando la pena por tu pecado.

Hay algo particularmente hermoso en cómo nuestra esperanza cristiana se basa en la fidelidad de Dios y no en la nuestra.

Esto significa que la esperanza de Dios no puede fallarte. No se trata de optimismo ni de encontrarle el lado positivo a algo. No es un sentimiento positivo efímero. Es una realidad tan sólida como una roca y basada en la fidelidad de Dios a Sus promesas a lo largo de la historia. (¡Por eso estudiamos la Biblia!). Dios ha demostrado ser digno de confianza una y otra vez. Y la máxima expresión de esta esperanza inquebrantable se encuentra en la persona de Jesús. Su resurrección nos asegura que todas las promesas que Dios nos ha hecho son ciertas.

Sin importar cuánto se tambaleen nuestras mentes y nuestros corazones como un barco en el mar; sin importar cuántas veces nos quedemos atrapados en nuestra ansiedad, estamos anclados a la esperanza que tenemos en Jesús.

Esta esperanza es más profunda que nuestra ansiedad. Es una esperanza que pesa más que nuestras peores preocupaciones. No se basa en tener las respuestas a nuestros «y si…». Ni siquiera depende de nuestra capacidad de *tener esperanza*.

Esta esperanza está asegurada por Aquel que cumple todas las promesas de Dios. Él es incapaz de fallarnos. Es incapaz de soltarnos. Cuando nos cuesta creerlo, cuando ni siquiera podemos sentirlo, nuestra ancla —Jesús— nos mantiene firmes. Su amor inquebrantable no puede ser desarraigado.

Inhala: **Incluso en mis preocupaciones…**
Exhala: **estoy anclado en el amor de Cristo.**

¿En qué promesa de Dios quieres anclarte hoy?

SEGUROS EN LA GRACIA DE DIOS

*Porque mientras aún éramos débiles, a su tiempo Cristo murió
por los impíos. Porque difícilmente habrá alguien que muera por
un justo, aunque tal vez alguno se atreva a morir por el bueno.
Pero Dios demuestra su amor para con nosotros, en que siendo
aún pecadores, Cristo murió por nosotros (Ro 5:6-8).*

Por cierto, ¿qué es el amor?

Decimos cosas como: «Amo los tacos» y «Amo el baloncesto» y también «Te amo». Vemos series en las que la gente se enamora y se desenamora. Nos dicen que sigamos a nuestro corazón. Sin embargo, nuestros corazones a veces no son fiables en el terreno amoroso. A veces no se llenan del profundo afecto que alguna vez sintieron por un novio o una novia. ¿Y los padres? A veces nos cuesta trabajo no poner los ojos en blanco en señal de falta de respeto.

En el pasaje de Romanos de hoy, leemos sobre el amor más verdadero y real que existe: leemos sobre Jesús. Su amor es la vara con la que medimos todos los demás amores. Como nos dice 1 Juan 3:16: «En esto conocemos el amor: en que Él puso Su vida por nosotros». Jesús es el amor encarnado. Él es la imagen más perfecta del amor que jamás haya existido.

Entonces, ¿cuál es la naturaleza de Su amor? ¿Depende de lo buenos que seamos? ¿Depende de lo mucho que oremos? ¿Depende de lo bien que cuidemos a los que nos rodean?

La buena noticia del evangelio es esta: siendo aún pecadores, Cristo murió por nosotros. Este amor depende *de Él*. Antes de que confiáramos en Él, Él murió por nosotros. Antes de que si quiera supiéramos que lo necesitábamos, Él murió por nosotros. Mientras todavía elegíamos hacernos los reyes y las reinas de nuestras propias vidas (en lugar de hacerlo a Él el Rey de nuestras vidas), Él murió por nosotros. Él nos amó *primero*, y nos amó incondicionalmente. Esta es la gracia de Dios.

La gracia no tiene sentido terrena; no se merece; no se gana. Es un don que se nos ofrece *totalmente* basado en el carácter de Dios y no en el nuestro. Se basa en sus acciones, no en las nuestras. Nos alcanza en Cristo cuando no tenemos nada que ofrecer, cuando nos sentimos despreciables e indignos. Nos persigue cuando nos sentimos fuera de control, cuando sentimos que no tenemos poder para cambiar. Nos persigue incluso cuando la rechazamos.

Cuando leemos que Jesús sacrificó Su vida en la cruz *por nosotros*, estamos leyendo sobre un amor que estuvo dispuesto a dejarlo *todo* por nosotros. Así de tanto fue que Dios quería relacionarse con nosotros, así de abundante quería que supiéramos que somos amados. Estuvo dispuesto a enfrentarse a la muerte por nosotros. No hay lugar al que no esté dispuesto a ir por nosotros.

Vuelve a leer los versículos anteriores de Romanos 5. Somos amados *en* nuestra ansiedad. No somos amados *a pesar de* nuestra ansiedad. Jesús no pone los ojos en blanco ante nuestra lucha ni suspira por nuestra incapacidad para superarla. No la pasa por alto ni la ignora. Él contempla cada parte de nuestros seres gloriosos y quebrantados, y se acerca a nosotros. Su gracia no puede ser frustrada por nuestro miedo, nuestra preocupación o nuestro estrés. Su gracia sale a nuestro encuentro tal como somos.

Cuando nos vemos sacudidos por los giros y las sorpresas que nos depara la vida, podemos recordar que estamos seguros en el amor de Dios por la gracia de Jesús. Este amor nunca dejará de perseguirnos. Esta gracia no tiene límites. Cristo demostró Su amor por nosotros así: cuando aún nos rebelábamos contra Él, Él murió por nosotros. Este es el Amor que nunca nos dejará ir.

Inhala: *Incluso en mi inseguridad…*
Exhala: *el amor de Dios me persigue.*

¿Has visto u oído hablar del amor inmerecido por alguien? Tu ejemplo puede ser un libro, una serie, una película o la vida real.

EL PODER DE LA PALABRA DE DIOS SOBRE NOSOTROS

Jesús, cuando hubo tomado el vinagre, dijo: «¡Consumado es!».
E inclinando la cabeza, entregó el espíritu (Jn 19:30).

Cuando nos enfrentamos a cosas difíciles, como tomar una decisión sobre la universidad o descifrar qué hacer con una relación enfermiza, la gente a menudo trata de animarnos con palabras como: «Sé fiel a ti mismo» o «Haz lo que te haga feliz». Cuando nos cuesta trabajo creer que somos dignos de ser apreciados o de pertenecer, nos dicen: «Cree que eres digno y ya» o «Haz como si encajaras».

Estas recomendaciones suenan prometedoras, ¿verdad? Parece que en realidad podrían ayudar.

Pero ¿cuál es la creencia esencial de todos estos consejos?

Que todo depende de ti.

Depende de ti «serte fiel a ti mismo» como es debido. Depende de ti hacerte feliz. Depende de ti creer que eres lo suficientemente valioso. Depende de ti intentar sin descanso pensar, sentir, creer o hacer algo *lo suficiente*. Y si no funciona, pues esfuérzate más.

Pero ¿y si hay algo más para nosotros? ¿Y si hay un poder mucho mayor que nos ofrece Alguien fuera de nosotros? Alguien con más autoridad que un influyente, un acosador, un director, un padre o un presidente. Alguien con autoridad sobre la muerte.

La declaración de Jesús en la cruz de «Consumado es» resulta mucho más poderosa que cualquier mantra de autoayuda. Es la Palabra de Dios pronunciada sobre Su pueblo, anunciando: «Tu deuda (de pecado) ha sido pagada. Eres libre». Es la garantía del Rey todopoderoso del universo de que ya no tenemos *nada* que ganar, probar o temer. Su muerte en la cruz es el sacrificio que lo cambia todo.

La muerte de Cristo declara el perdón por cada uno de nuestros fracasos. Declara la libertad de cualquier mentira que nos diga que debemos ganar nuestro valor o ser *suficientes*.

Cuando oímos una acusación fastidiosa en nuestras mentes que no desaparece («Deberías haber hecho esto» o «No deberías haber hecho aquello»)… en Cristo, *consumado es*.

Cuando no podemos detener la carga de la preocupación por el futuro que se abalanza sobre nosotros («¿Y si fracaso?» «¿Y si me rechazan?» «¿Y si piensan que soy tonto?» «¿Y si me vengo abajo?»)… en Cristo, *consumado es*.

Esto significa que podemos entregarle a Jesús toda nuestra lucha por ser dignos, nuestra lucha por el éxito y nuestra lucha por pertenecer. Su muerte asegura nuestra identidad como hijos amados de Dios. Su Palabra sobre nosotros tiene el mismo poder que le dio origen a toda la creación (Jn 1:1-3). Y Su Palabra sobre nosotros es definitiva. Nuestra lucha por creer esta verdad y confiar en la bondad de Dios no tiene ni una gota del poder que ejerce la Palabra de Dios sobre nosotros.

El poder que se nos ofrece en Cristo es uno que ha vencido al pecado, a Satanás y a la muerte. Y actúa *en nosotros* por medio del Espíritu Santo. Satanás a menudo nos susurra mentiras sobre quiénes somos y cuál será nuestro futuro. Pero Dios nos recuerda esto: *Consumado es. Tú eres mío. La ansiedad nunca podrá tener la última palabra sobre tu vida porque yo tengo la última palabra. Mi última palabra es el amor: «Miren cuán gran amor nos ha otorgado el Padre: que seamos llamados hijos de Dios. Y eso somos» (1 Jn 3:1). Mi última palabra es la esperanza: que te espera una vida eterna de gozo en los cielos nuevos y la tierra nueva (Ap 21:1-5).*

Inhala: **Cuando sienta la tentación de creer más en la palabra de la ansiedad sobre mí…**
Exhala: **consumado es.**

¿Qué área de merecimiento, demostración o temor en tu vida necesita que las palabras «Consumado es» sean pronunciadas sobre ella hoy?

ESPERANZA EN LA VICTORIA DE DIOS

*Hablando el ángel, dijo a las mujeres: «Ustedes, no teman;
porque yo sé que buscan a Jesús, el que fue crucificado. No
está aquí, porque ha resucitado, tal como Él dijo. Vengan, vean
el lugar donde estaba puesto (Mt 28:5-6).*

Cantar delante de la gente me aterroriza. Solo de imaginarlo, siento que se me entrecorta la respiración, se me aprieta la mandíbula y se me sube el calor a la garganta. La incomodidad me agobia.

Mi terapeuta, Mónica, me ayudó a superarlo. Hablamos el día antes de que tuviera que dirigir la alabanza de la capilla en el seminario. Me preguntó: «¿Qué es lo peor que te podría pasar al subirte?». Luego me animó a ver esa película (imaginaria) hasta la última escena.

Hice una pausa y me pregunté: «¿A qué le tienes *más* miedo, Liz?».

Me di cuenta de que tenía miedo de equivocarme y pasar vergüenza. Y si lo hacía, la gente pensaría que era ridícula por intentar dirigir la alabanza. Y si pensaban que era ridícula, tal vez no les caería bien. Y si no les caía bien, tal vez eso significaría que no merecía ser amada.

Paso a paso, llevé la historia que me contaba mi ansiedad hasta la última escena. Allí descubrí una poderosa mentira que alimentaba mi miedo: *No merezco ser amada.*

El pasaje de hoy ilumina nuestras escenas más oscuras. Nuestros miedos nos quieren hacer creer que ellos tendrán la última palabra. Pero la resurrección de Jesús demuestra lo contrario.

Las mujeres de Mateo 28 eran discípulas de Jesús, sus amigas íntimas. Verlo crucificado tres días antes había sido devastador: no se suponía que el Hijo de Dios *muriera*. Su peor temor se había hecho realidad. Así que fueron juntas a su tumba para llorar.

Imagínate su conmoción y asombro cuando la tierra tembló y un ángel empezó a hablarles (Mt 28:2-3). En cuestión de segundos, su temor hecho realidad se invirtió. ¡El Señor estaba vivo!

Si Jesús no resucitó de entre los muertos, el cristianismo no ofrece ninguna esperanza real. Pero la muerte de Jesús no es el final ni de Su historia ni de la nuestra. Puesto que Jesús venció a la muerte, el final de nuestra historia es un cielo nuevo y una tierra nueva. En nuestro futuro hay una fiesta gozosa en la presencia de Dios. No habrá lágrimas, aflicción ni dolor (Ap 21:4). Viviremos libres de ansiedad con cuerpos renovados que nos permitirán disfrutar la plenitud de la bondad de Dios.

Una anécdota graciosa: al dirigir la alabanza aquel día siguiente, *sí me equivoqué*. Empecé en la clave equivocada y tuve que interrumpir a toda una multitud de personas para empezar de nuevo. En lugar de mortificarme, me reí. Había pasado lo peor, y las mentiras de mi terror no habían vencido. Ya me había enfrentado a ellas. Conocía mi mejor final.

«No está aquí, porque ha resucitado» significa que las mentiras más poderosas que se esconden bajo todos nuestros miedos no pueden vencer a fin de cuentas. Al derrotar la muerte, Jesús ha asegurado el final bueno y verdadero de nuestra historia. Esto significa que podemos *hacerles frente* a las mentiras que nuestro miedo nos dice. Podemos *superarlas*, sabiendo que no tienen la última palabra.

La resurrección de Jesús significa esperanza para nuestras mayores catástrofes imaginadas. Incluso si ocurren, nuestro futuro está asegurado. La muerte, y todos nuestros peores miedos realizados, no pueden triunfar al final.

Inhala: ***Incluso si ocurre lo peor...***
Exhala: ***la muerte no puede ganar.***

Piensa en algo que te asuste y reproduce la película hasta la última escena. ¿Qué mentira puede estar alimentando tu miedo? ¿Cómo puede la resurrección traerle esperanza a ese miedo?

UN CONSOLADOR CUANDO BATALLAMOS

Pero el Consolador, el Espíritu Santo, […] Él les enseñará todas las cosas, y les recordará todo lo que les he dicho. La paz les dejo, Mi paz les doy; no se la doy a ustedes como el mundo la da. No se turbe su corazón ni tenga miedo (Jn 14:26-27).

Amigo, respira hondo. Siente cómo el aire entra por tu nariz y desciende hasta tus pulmones. Siente cómo se expande tu caja torácica. Piensa en cómo el oxígeno que acabas de inhalar se desliza hasta su destino final en el torrente sanguíneo. En algún momento del trayecto, el cuerpo lo absorbe. En cierto modo, el O_2 está más cerca de ti que tu propia piel.

Es difícil imaginar que el Espíritu Santo esté aún más cerca de nosotros. Cuando ponemos nuestra confianza en Jesús, nos unimos a Dios por completo. Nos convertimos en una casa para el Espíritu Santo (1 Co 6:19). Nos convertimos para siempre en una nueva creación, *y el Espíritu Santo está con nosotros en todo momento, más cerca que el aire que respiramos*. Nunca más nos quedaremos solos en la vida.

En el pasaje de hoy, Jesús habla de dejarnos al Consolador —la tercera persona de la Trinidad— para que siga enseñándonos y para que nos ayude a recordar lo que Él ha dicho. Jesús sabe que necesitamos ayuda para recordar quiénes somos, quién es Dios y la realidad de la gran historia de Dios en desarrollo. También sabe que necesitaremos calmarnos; necesitaremos seguridad; necesitaremos paz.

Esto significa que Jesús no se sorprende cuando batallamos. Ni se enoja ni se decepciona. Incluso cuando estamos frustrados con nosotros mismos por estar ansiosos, cuando nuestras mentes se atascan en ciclos de preocupaciones, no encontramos a Jesús desprevenido. Siempre está dispuesto a ofrecernos Su bondad.

Me recuerda a cuando mi dulce *golden retriever* oye un trueno. Las orejas de Bella se aplanan y todo su dorso se enrosca bajo su cuerpo. Corre hacia mí con prisa y con una mirada desesperada. No tiene ni idea de lo que está pasando. Solo sabe que está aterrorizada.

A menudo le digo a Bella algo parecido a lo que dice Jesús en este pasaje: «No tengas miedo, mi perrita. No te preocupes. Estoy aquí contigo, y todo va a salir bien». Mi tono es suave y compasivo. El deseo de mi corazón es que sienta paz. No le estoy diciendo que deje de sentirse ansiosa (como si pudiera controlarlo). En lugar de eso, la invito a que acuda a mí en busca de consuelo.

Piensa en cómo la gente ha tratado de «ayudarte» con tu ansiedad. A veces nos dan consejos que a la larga no nos alivian. O escuchamos palabras increíblemente poco útiles como: «Cálmate, estás siendo irracional» o «Piensa en lo mucho peor que podría ser» o «Te estás ahogando en un vaso de agua». Pero el Consolador nos da algo distinto a todo lo que ofrece el mundo.

En el Espíritu Santo, no se nos ofrece un consejo. Se nos da la presencia misma de Dios. Él nos ofrece una paz que es más que un sentimiento de alivio o de calma; es la seguridad de que estamos a salvo y firmes en la buena historia que Dios está escribiendo. Él siempre está ahí para ayudarnos, *en especial* cuando no podemos ayudarnos a nosotros mismos.

Respira hondo. El Consolador está más cerca de ti que el aire que corre por tu cuerpo en este preciso momento. Incluso tu *deseo* de que te ayude es una señal de que está obrando. Él te ata a un futuro en el que tus preocupaciones ya no existen; te recuerda las veces que te ha ayudado a superar tus miedos en el pasado. Él está contigo ahora que le pides que sople Su paz en cada miembro de tu cuerpo y en cada rincón de tu mente.

Inhala: ***Incluso cuando no me siento en paz...***
Exhala: ***el Consolador me sostiene y me mantiene a salvo.***

A menudo respondemos con impaciencia, miedo o enojo a nuestra ansiedad. Escríbele una respuesta a tu ansiedad que refleje la forma tierna y compasiva en la que Jesús le responde a las personas.

DIOS SE ACERCA CUANDO TEMEMOS MIEDO

A la cuarta vigilia de la noche (3 a 6 a.m.), Jesús vino a ellos andando sobre el mar. Y los discípulos, al ver a Jesús andar sobre el mar, se turbaron, y decían: «¡Es un fantasma!». Y de miedo, se pusieron a gritar. Pero enseguida Jesús les dijo: «Tengan ánimo, soy Yo; no teman» (Mt 14:25-27).

La forma en la que Jesús lidió con el temor de Sus discípulos es muy diferente a la forma en que nosotros lidiamos con el nuestro.

Jesús es atento y compasivo. Consuela con ternura. Tranquilizó a Sus discípulos al revelarles que era Él. Conocían el sonido de Su voz y se hubieran sentido aliviados cuando Él empezó a hablarles. «No teman» era una invitación a relajarse, no una reprimenda para avergonzarlos.

¿Qué tan diferente sería esta historia si Jesús les hubiera gritado a los discípulos por tener miedo? ¿Y si les hubiera gritado: «Insensatos. No deberían sentirse ansiosos. ¡Deberían saber que puedo hacer cualquier cosa!».

Jesús *no* hace esto aquí (ni en ninguna parte de las Escrituras). Pero ¿qué tan a menudo nos lo hacemos a nosotros mismos?

Si la ansiedad tuviera una sombra, sería la vergüenza: los *deberías* y *no deberías* que a menudo siguen a la ansiedad dondequiera que vaya.

«*Debería* estar agradecido, no ansioso. Me da gusto que me hayan invitado a la casa de mi amigo».

«*Debería* tranquilizarme y dejar de preocuparme. Todo va a salir bien».

«*No debería* estar tan estresado. Esto no es para tanto».

Es sorprendente la frecuencia con la que nos decimos a nosotros mismos lo que *deberíamos* o *no deberíamos* sentir, como si tuviéramos el *control* directo de las emociones que experimentamos. De hecho, a muchos de nosotros nos avergüenza el sentirnos ansiosos (en nuestras cabezas, quizá oigamos: «Me siento tonto por sentirme…» o «Me siento mal por sentirme…»). La realidad es que la vergüenza solo empeora las cosas.

Cuando nos avergonzamos por nuestras emociones (los *deberías* y *no deberías*), estas no desaparecen. Su energía se acumula en el cuerpo de diferentes maneras. Por eso tenía un dolor de estómago y náuseas horribles cuando trabajaba sesenta horas a la semana. Y a veces es por eso que tenemos dolores de cabeza u otros tipos de dolor en el cuerpo. La ansiedad puede ser una señal de que tenemos mucha emoción almacenada en el cuerpo. Nuestras emociones están hechas para ser vistas, sentidas y compartidas con otras personas que puedan llevar nuestras cargas con nosotros. Lo vemos con Jesús, quien invita a Sus amigos a confiarle su temor y dejarlo llevar esa carga con ellos.

¿Has reprimido alguna vez un estornudo? Es doloroso. Tiene que salir. Es ridículo imaginarse a uno mismo diciéndose: «No deberías estornudar. Eres tonto por sentir que quieres estornudar». Tanto los estornudos como las emociones necesitan soltarse.

Pero sabemos que también hay un momento y un lugar para ellos. No queremos estornudar sobre la persona sentada frente a nosotros en la escuela. Queremos asegurarnos de que nuestro estornudo tenga un lugar seguro donde aterrizar. Sería mucho mejor darnos cuenta de que necesitamos estornudar, elegir el lugar adecuado hacia donde mirar y estornudar. Lo mismo ocurre con nuestras emociones, aunque la forma de expresarlas puede parecer o sonar diferente dependiendo de nuestra cultura o antecedentes familiares.

El primer y mejor lugar para apuntar nuestras emociones es Jesús, quien con ternura nos dice: «Ánimo, soy Yo». Él es quien ya nos ve y nos conoce y nos ama hasta lo más profundo de nuestras emociones. El Señor del cielo y de la tierra nos invita a compartir con Él, a dejarlo ser nuestro amigo. Nos invita a escuchar Su poderosa voz que calma nuestras tormentas cuando dice: «No temas». Porque Él está con nosotros, y nunca nos abandona a nuestra suerte.

Inhala: ***Incluso cuando tengo temor...***
Exhala: ***puedo confiar en Aquel que está conmigo.***

¿Cuáles son tus «No debería sentirme______________» o «Debería sentirme ________________» más comunes?

JAMÁS RECHAZADO POR DIOS

Todo lo que el Padre me da, vendrá a Mí; y al que viene a Mí, de ningún modo lo echaré fuera (Jn 6:37).

Si alguna vez te ha preocupado lo que los demás podrían pensar de ti, no eres el único. ¿Cuánto tiempo de nuestras vidas pasamos temiendo la opinión que los demás tienen de nosotros? ¿Temiendo que nos juzguen?

«Van a pensar que soy raro». «Voy a parecer un tonto». «Si supieran que yo ___________, me rechazarían por completo».

Una de las cosas que sabemos de Génesis 1 y 2 es que hemos sido diseñados para las relaciones. Estamos hechos para tener una amistad profunda con Dios y los unos con los otros. Anhelamos ser aceptados. A fin de cuentas, encontramos pertenencia al ser admitidos en la familia de Dios, el cuerpo de Cristo. Se nos acepta gracias a la obra final de Jesús en la cruz, no por nada que hayamos hecho nosotros. No tenemos que ganarnos nuestra valía; Jesús ya lo ha hecho.

En las interacciones cotidianas, vaya que parece que tenemos que probar quienes somos, ¿verdad? Nos preocupamos por ser lo bastante agradables, lo bastante listos, lo bastante atléticos, lo bastante atractivos. Tenemos que conocer la jerga del momento y ver el contenido de moda más reciente. Si no, somos irrelevantes. No encajamos. Podríamos ser rechazados.

El versículo de hoy explica que somos aceptados por completo por Dios a través de Jesús. Estamos seguros en la familia de Dios por nada menos que el Creador mismo. Él nunca nos dará la espalda. Cuando Jesús llevó nuestros pecados a la cruz, el Padre rechazó a Su propio Hijo por un tiempo. Este castigo por el pecado significó que nunca tendría que rechazarnos a nosotros. A través del sacrificio de Cristo, el amor de Dios nos dice: «*Siempre* eres querido y bienvenido. Nada de lo que hagas (o dejes de hacer) puede hacer que te rechace». Su amor nos sale al encuentro con bondad cuando somos rechazados por un amigo, un compañero o un familiar. Su amor nos da el valor para superar nuestras preocupaciones respecto a lo que los demás pudieran pensar de nosotros.

Si te preocupa que tu lucha contra una adicción secreta pueda provocar el rechazo de tu familia, Dios te acepta en Cristo.

Si te preocupa que la confusión sobre tu sexualidad pueda provocar el rechazo de tus amigos, Dios te acepta en Cristo.

Si te preocupa ser demasiado raro como para pertenecer al grupo del que quieres formar parte, Dios te acepta en Cristo.

Si te preocupa ser demasiado pecador como para que Dios te ame o no ser «suficientemente pecador» como para que le importes, Dios te acepta en Cristo.

El amor de Jesús se extiende a cada átomo ansioso de tu cuerpo, a cada parte preocupada, adormecida o frustrada de ti. Nunca te echará fuera (Jn 6:37).

Imagínate cómo sería eso. Me hace pensar en el grupo de Alcohólicos Anónimos que visité una vez para una tarea en la escuela de posgrado. Algunas personas llevaban ropa manchada. Otros llevaban traje. Algunos olían a olor corporal y otros a colonia. Algunos sonreían y otros no hacían contacto visual. Sin embargo, cada persona fue saludada calurosamente de la misma manera que yo: «Bienvenida, Liz. Nos alegra que estés aquí. Sigue viniendo».

Esta es una imagen de la amorosa aceptación que Jesús le ofrece a cada parte de nosotros, en especial a aquellas partes que nos preocupan. Nos invita a entrar en Su gracia, donde estas partes pueden encontrar esperanza, propósito y sanidad… y si no ahora, entonces con toda seguridad en el día final, cuando sean redimidas por completo. Todo se arreglará.

> Inhala: ***Cuando me preocupa ser rechazado…***
> Exhala: ***Dios me acepta por completo en Cristo.***
>
> ¿Qué parte de ti es la que más te preocupa que será rechazada? Escribe cómo sería imaginar que esa parte fuera valorada y aceptada como yo fui aceptada.

IDENTIDAD ASEGURADA

Yo soy una hija, hermana, amiga, profesora y consejera. He sido jugadora de fútbol, entrenadora, técnico de emergencias médicas, líder de jóvenes y empleada de McDonald's. Tengo pelo rojo, pecas y un pie equino varo. Me atraen los hombres. ¿Son estas cosas mi identidad? ¿Me definen?

«¿Quién eres?» es una pregunta compleja de responder, ¿no?

¿Determina nuestra identidad la experiencia de nuestra sexualidad? ¿El equipo, el grupo o la subcultura a la que pertenecemos nos proporciona nuestra identidad? ¿Nuestra identidad se basa en algún rasgo que poseemos o en nuestra familia? ¿Qué ocurre cuando estas cosas cambian… perdemos nuestra identidad?

Cada vez oímos más mensajes sobre «vivir nuestra verdad». Nos dicen que depende de nosotros descifrar y definir nuestra verdad. Que nuestra verdad nos aportará nuestra identidad y que luego tenemos que mantenerla. Pienso en los influyentes que ganan popularidad por representar una causa o entretenernos de alguna manera. Tienen que dedicarle mucho tiempo a mantener su plataforma, cultivando su identidad. Su valía se ratifica con los «me gusta» o los seguidores. Pero ¿es eso duradero?

En el cristianismo, tenemos un punto fijo. Tenemos un Dios inmutable que se llama a Sí mismo «Yo Soy» (Ex 3:14). Y nuestra valía está asegurada porque somos portadores de Su imagen. Además, la máxima verdad se revela en la persona de Jesús, quien se llama a Sí mismo «el camino, la verdad y la vida» (Jn 14:6). No es que todas las verdades conduzcan a Él, sino que Él es el camino, la verdad y la vida. Debemos recibir nuestra verdad e identidad de Él. No nos ganamos, creamos, probamos ni mantenemos nuestra identidad: nos viene dada en Cristo.

En esta sección, exploraremos lo que significa tener nuestra identidad asegurada en Cristo. Saber quiénes somos está íntimamente ligado a saber quién es Él. Seremos muchas cosas en la vida, pero la más segura, la más firme, la más fundamental y la que más nos ancla es esta: le pertenecemos a *Él*.

HIJAS E HIJOS AMADOS

*Después de ser bautizado, Jesús salió del agua inmediatamen-
te; y los cielos se abrieron en ese momento y él vio al Espíritu
de Dios que descendía como una paloma y venía sobre Él. Y se
oyó una voz de los cielos que decía: «Este es Mi Hijo amado en
quien me he complacido» (Mt 3:16-17).*

En la preparatoria, sentía mucha presión por encontrar mi identidad. Si estudiaba lo suficiente, tal vez entraría en una universidad
y me convertiría en una basquetbolista de la Universidad de Virginia (Virginia Cavaliers) o de la Universidad de Carolina del Norte
(UNC Ram). Si jugaba mis deportes lo suficientemente bien, quizás
entraría en el salón de la fama de mi preparatoria. No era lo bastante
artística para los grupos de teatro o fotografía. No tenía suficiente
confianza propia para el grupo popular. Recuerdo que me pregunta-
ba: *¿Cómo sabré cuándo he* encontrado *mi identidad?*

Vivimos en una época en la que oímos cosas contradictorias sobre la identidad. Se nos dice que lo que nos atrae y cómo experimentamos nuestro género es lo que somos. También se nos dice:
«Nadie puede decirte quién eres. Tú lo decides». Diversos grupos
nos ofrecen pertenecer a ellos si nos suscribimos a sus ideologías:
«Si piensas y actúas como nosotros, *estás dentro*». Pero eso también
significa: «Si cambias, o si no estás de acuerdo con algo, estás fuera».
El mundo dice que depende de nosotros ganarnos, crear y mantener
nuestra identidad.

Eso es mucha presión. Para mí, esa expectativa es estresante y
agotadora, e induce a la ansiedad.

Si cambia nuestra atracción sexual, ¿cambia nuestra identidad?
Si decimos cosas equivocadas, ¿nos echarán nuestros grupos? Si
nos lesionamos y no podemos rendir académica o deportivamente,
¿qué ocurrirá?

En la narrativa cristiana, nuestra identidad *nos viene dada*. No se
basa en nuestros logros o fracasos. No se basa en nuestra sexualidad.

No se basa en lo que nos gusta o no nos gusta. No se basa en nuestras habilidades o en nuestro grupo de amigos. No se basa en nuestra personalidad o popularidad. Se basa en dos realidades inquebrantables: el carácter inmutable de nuestro Dios trino y la obra consumada de Jesús en la cruz. Por medio de ellas, Dios nos invita a ser *Sus hijos amados*. Con Él, no conseguimos nuestra identidad; la recibimos.

En los versículos de hoy, leemos que el Padre le extiende Su amor al Hijo por medio del Espíritu Santo. Vemos a la Trinidad en acción y oímos las *poderosas* palabras que identifican a nuestro Salvador. Esas mismas palabras nos recuerdan nuestra propia adopción espiritual. A través de la vida perfecta de Cristo a nuestro favor, nos convertimos en hijos e hijas de Dios para siempre amados.

Dios no te ama en abstracto. Te ama en *particular* y en *específico*. Él te eligió a *ti* para pertenecer a Su familia. Él sabe tu nombre (Is 43:1; Jn 10:3) y el número de cabellos de tu cabeza (Lc 12:7). Es un Padre bueno que no se detendrá ante nada para hacerte conocer la profundidad de Su amor por ti. No solo te ama, sino que *le agradas*. Se regocija en ti (Sof 3:17). Te *ha hecho Suyo*, lo cual implica que, a diario, debes descubrir lo que significa ser Su hijo. No tienes nada que ganar, nada que demostrar. Su amor no requiere mantenimiento. Tu identidad de *amado* te ha sido fijada por Aquel que te conoce mejor que tú mismo.

Es probable que los grupos a los que perteneces cambiarán con el tiempo. Pero tu identidad como hijo o hija amada de Dios nunca puede cambiar. Sus palabras sobre nosotros, a través de Cristo, siguen siendo las mismas. «Este es mi hijo o hija que amo. Yo lo elegí. Esta es mía» (ver Isa 43:1; Ef 1:4-5). En Jesús, nuestra identidad está asegurada.

Inhala: **Soy un hijo amado.**
Exhala: **Mi pertenencia está sellada por el Espíritu Santo.**

Piensa en un lugar de estrés, miedo, dolor o ansiedad en tu vida. Este es el lugar mismo donde el amor de Dios está puesto en ti, donde tu identidad como *amado* ha sido sellada. Utiliza la oración de respiración anterior para imaginar cómo sería recordar tu condición de amado en ese lugar.

IDENTIFICARSE EN CRISTO

Con Cristo he sido crucificado, y ya no soy yo el que vive, sino que Cristo vive en mí; y la vida que ahora vivo en la carne, la vivo por la fe en el Hijo de Dios, el cual me amó y se entregó a sí mismo por mí (Gá 2:20).

Gran parte de nuestra ansiedad está ligada a tratar de prevenir, manejar o evitar el dolor. ¡Esto es entendible! Es muy humano que no nos guste el dolor.

Una de las cosas hermosas de Jesús es que no solo conoce el dolor íntimamente, sino que también lo *redime*. No lo ignora, no lo replantea ni trata de explicarlo. En lugar de ello, *entra en él*. Experimentó la muerte más insoportable y humillante que se pueda imaginar *por nosotros*. Luego resucitó, trayendo luz de las tinieblas. *Pasó* de la muerte a la vida.

Vemos este mismo patrón en nuestro pasaje de hoy. Pablo declaró que había *muerto* con Cristo. Como Pablo estaba vivo cuando escribió esto, estaba diciendo que su pecado y vergüenza habían muerto con Cristo en la cruz. Esto significa que nada defectuoso o quebrantado en él tenía la última palabra sobre su vida o su identidad. Tampoco su dolor. Pablo estaba declarando que su quebrantamiento no lo definía; lo definía *el que Cristo vivía en él*. Se identificaba en Cristo.

Cuando ponemos nuestra fe en Jesús, somos unidos a Cristo por el Espíritu Santo. Nuestras vidas quedan unidas para siempre a Aquel cuyo sufrimiento y muerte *conducen a* la belleza y al sentido. El patrón inverso de muerte a vida se convierte en *nuestro* patrón. Morimos a nuestro pecado (alejándonos de él y volviendo a Jesús) una y otra vez. De esta manera diaria, nos unimos a Jesús en Su muerte y luego en Su resurrección.

También experimentamos otros tipos de muerte en este patrón. El fracaso, las pérdidas, las decepciones y el rechazo todas pueden ser formas de compartir el sufrimiento de Cristo (Fil 3:10). Para mí, esto han sido amistades que se han desvanecido; esperanzas que se han frustrado de ser invitada en citas románticas; lesiones que me han robado la habilidad de jugar deportes; retroalimentación negativa que ha desbaratado mis mejores esfuerzos.

El dolor de estas muertes es muy real, ya sea que se deban a nuestro pecado, al pecado de otros contra nosotros o al impacto del pecado en el mundo creado. Y *estos son los lugares* donde el Señor nos sale al encuentro con compasión. Él honra todo el peso de nuestro quebrantamiento y nuestro sufrimiento.

Pero también recordamos que, *en Cristo*, el Espíritu Santo nos lleva *a través de estas muertes* hasta la resurrección. Cristo *redime* nuestro dolor. Porque murió y resucitó, la muerte nunca puede ser el final de la historia.

Pequeñas resurrecciones salpican mi vida de formas que no esperaría.

Cuando me arrepiento de pecados concretos, experimento alivio y liberación de la esclavitud de la vergüenza. Mi corazón siente compasión por aquellos que batallan con lo mismo.

Cuando experimento el fracaso, la pérdida o la decepción, mi resistencia crece. Aprendo que el Señor me ayudará incluso en los momentos más dolorosos. También crece mi amor hacia quienes han experimentado un dolor similar. Aumenta mi fe en la capacidad de Dios para proporcionar esperanza, consuelo y paz. Mis ojos para ver la gloria también crecen; estoy preparada y lista para detectar incluso las más pequeñas alegrías y bellezas a mi alrededor.

Nuestro Señor murió para *redimir todo lo que está quebrantado* en nosotros y en este mundo. Y nuestro Señor resucitó para que el amor se abriera camino en cada grieta de la creación. Al unirnos a Él en el modelo de muerte y resurrección, recordamos que nuestro dolor no nos define. Es Cristo quien lo hace. Él es quien produce belleza a partir del dolor.

Inhala: **Ni mi pecado ni mi dolor me definen.**
Exhala: **Cristo me define.**

¿Dónde compartes en la actualidad la muerte de Cristo? ¿Cuándo has experimentado la resurrección en, con o a través de Él?

HEREDEROS DEL REY

Y si somos hijos, somos también herederos; herederos de Dios y coherederos con Cristo, si en verdad padecemos con Él a fin de que también seamos glorificados con Él (Ro 8:17).

En los días 15 y 16, exploramos lo que significa ser hijos de Dios y sufrir con Cristo. Hoy nos toca maravillamos de la gloria de ser herederos de Dios, un papel influyente y digno que le infunde propósito a nuestras vidas.

Tengo un vívido recuerdo de mi ansiedad al entrar a la preparatoria. Temía estar en lo más bajo de la cadena alimenticia. ¿Con quiénes me juntaría? ¿Me querría alguien en su grupo?

Con quién se nos asocia tiene mucho poder. Nos identificamos con diferentes personajes famosos, equipos deportivos, partidos políticos y grupos de interés que encajan con nuestras inclinaciones. Anhelamos *ser incluidos*. Deseamos ser *vistos y reconocidos*.

En la historia de Narnia, uno de los niños, Edmund, tenía este mismo deseo. Aunque actuaba como si no le importara, en secreto anhelaba ser *importante*. Imaginaba que el estatus le daría sentido y seguridad. De hecho, hasta llegó a traicionar a sus hermanos ante la malvada Bruja Blanca a cambio de la promesa de ser hecho heredero del trono.

Las cosas no le fueron bien a Edmund, y acabó como rehén de la Bruja Blanca. Le rindió pleitesía y lealtad a la persona equivocada, y se convirtió en su esclavo. La promesa de una identidad real se transformó en grilletes opresivos.

La historia de Edmund es un retrato de lo que ocurrió en el huerto. Adán y Eva fueron creados originalmente para servir como honrados guardianes reales del mundo de Dios. Pero decidieron que querían ser su propio rey y reina. Querían la realeza a su manera. Querían ser reconocidos por sus nombres en lugar de asociarse con el nombre de Dios, así que se encadenaron al pecado.

El resto de la historia de las Escrituras revela el plan de Dios para reinstalar a Adán y Eva como Sus hijos reales. Quería que conocieran la bendición de pertenecer a Su familia. Anhelaba que fueran gobernados por Su amor y no por cosas menores.

Con la voz que creó los cielos y la tierra, Él nos declara *herederos del reino* en Cristo. De hecho, nos *pone Su nombre,* diciendo: «*Este es mío. Yo me asocio con esta persona*». Y, al hacerlo, nos otorga un título de dignidad, belleza y autoridad. Este estatus es dado, no comprado, conseguido o ganado. Esta relación real está *asegurada* porque está fundamentada en la obra consumada de Cristo y no en la nuestra.

Como hijos e hijas del Rey Jesús, estamos envueltos para siempre en una historia en la que *importamos.* Recibimos una herencia de honor, gracia inagotable y acceso abierto al Espíritu Santo, quien nos ayuda a administrar nuestro poder y nos recuerda quiénes somos en realidad.

Así se manifestó esto en Narnia: después de que el rey Aslan se sacrificó para romper los grilletes de Edmund, este tuvo que pasar el resto de su vida aprendiendo a *vivir según* su estatus de hijo real y amado. Con el título de «Rey Edmund el Justo», recibió todos los derechos y privilegios de ser adoptado en la familia real. Comenzó entonces a administrar el poder que se le había concedido —el corazón de justicia que Dios le había dado— para amar y servir a los demás. A medida que consideras el ámbito que el Señor te ha dado —ya sea una escuela, un equipo, una familia o algo más—, ¿cómo podrías administrar en amor la realeza y el poder que el Rey Jesús te ha otorgado solo a ti?

Inhala: ***Incluso cuando temo que no importo...***
Exhala: ***soy un heredero del Rey.***

En Narnia, los niños recibieron títulos con los que aprendieron a vivir (Rey Peter el Magnífico, Reina Susana la Benévola y Reina Lucy la Valiente). ¿Qué título te darían a ti?

PERTENENCIA AL CUERPO DE CRISTO

*Porque así como el cuerpo es uno, y tiene muchos miembros,
pero, todos los miembros del cuerpo, aunque son muchos,
constituyen un solo cuerpo, así también es Cristo. Pues por un
mismo Espíritu todos fuimos bautizados en un solo cuerpo, ya
judíos o griegos, ya esclavos o libres. A todos se nos dio a beber
del mismo Espíritu (1 Co 12:12-13).*

Una de nuestras grandes fuentes de ansiedad proviene de la preocupación de no tener un lugar. No pertenecemos; no nos quieren; no tenemos nada valioso que aportar.

Aquí es cuando se convierte en una bendición y un alivio recordar que nuestra verdad viene de fuera de nosotros. Sin importar cuán débilmente creas que importas y que perteneces al cuerpo de Cristo, la Palabra de Dios declara que eres esencial. ¡Algo importante hace falta cuando tú haces falta en el cuerpo de Cristo! Eres necesario.

Como creyentes en Cristo, no solo estamos unidos a Dios a través del Espíritu Santo. También estamos unidos al pueblo de Dios. Formamos parte de Su familia, una familia que se extiende por todo el mundo y por toda la historia. Estamos unidos por algo mucho más poderoso que un interés o una causa común. Es incluso más duradero que la sangre que compartimos con nuestros padres genéticos. Dios mismo es la causa de nuestra pertenencia. Su amor es el pegamento que nos mantiene unidos a Su cuerpo. Cristo es la cabeza, y nosotros somos las partes que componen el cuerpo. Cada parte es necesaria, en especial las partes más débiles y vulnerables (1 Co 12:21). Aunque nos preocupe no tener nada que ofrecer o ser una carga demasiado pesada, la Palabra de Dios es clara: somos necesarios. Nuestras voces, nuestras luchas, nuestros dones, nuestras perspectivas y nuestras preguntas son necesarias.

Yo solía ser voluntaria en un grupo juvenil (llamado Capernaúm) para adolescentes con síndrome de Down. ¡No sé si me he divertido más que entonces! Primero, todos entrábamos por un túnel de la victoria lleno de aplausos y saludos. Luego nos sentábamos a cenar todos juntos y escuchábamos un mensaje bíblico. Por último, celebrábamos con un gran baile. Los voluntarios adolescentes más tímidos y cohibidos eran llevados a la pista de baile por las sonrisas más cálidas y alegres de los chicos de Capernaúm. Era un auténtico anticipo del cielo.

Todos tenemos algo valioso que ofrecer en el cuerpo de Cristo. A veces ofrecemos nuestras manos en servicio, como lo hicieron los voluntarios. Y a veces ofrecemos hospitalidad con sonrisas y abrazos de bienvenida, como lo hicieron mis amigos de Capernaúm. A veces ofrecemos nuestro humor y a veces nuestra tristeza. A veces ofrecemos nuestros oídos para escuchar y a veces nuestras historias para ser escuchadas. A veces ofrecemos nuestras dudas sinceras, y otras veces ofrecemos recordatorios de cómo Dios se ha manifestado en nuestras vidas. Todo esto es vital en el cuerpo de Cristo.

Vivimos en un mundo que dice que nuestra valía radica en nuestra independencia y nuestras fuerzas. Es terrible e indeseable ser «necesitado».

Pero también vivimos en la familia de Dios, donde partimos de ser necesitados. No es vergonzoso; es una realidad que requiere valor reconocer. Los cristianos reconocemos que necesitamos ayuda. Necesitamos rescate. Necesitamos que Dios entre —una y otra vez— para infundirnos Su verdad. Y nos necesitamos los unos a los otros para compartir la carga, el dolor, la alegría y la belleza. ¡Necesitamos a alguien que nos lleve a la pista de baile!

Hay libertad en saber que no tenemos que fingir. Todos somos necesitados. De hecho, nuestras necesidades son necesarias en el cuerpo de Cristo porque Dios nos ha diseñado para depender unos de otros. Esto significa que cada don importa y cada necesidad importa. Sin importar qué mentira te esté diciendo hoy tu ansiedad, tú perteneces. Y se te necesita.

Inhala: **Cuando me siento necesitado...**
Exhala: **mis necesidades pertenecen al cuerpo de Cristo.**

¿Cuándo has sido bendecido por alguien que te ha permitido atender sus necesidades? ¿Qué cosas nos impiden compartir nuestras necesidades con el cuerpo de Cristo?

SEGUROS PARA BATALLAR EN NUESTRO SEÑOR

Porque lo que hago, no lo entiendo. Porque no practico lo que quiero hacer, sino que lo que aborrezco, eso hago. [...] ¡Miserable de mí! ¿Quién me libertará de este cuerpo de muerte? Gracias a Dios, por Jesucristo Señor nuestro (Ro 7:15, 24-25).

Mi *golden retriever* Bo Diddley era el perro más travieso y divertido que puedas imaginarte. Saludaba a cada desconocido que encontraba con una sonrisa tonta. También robaba cada pedazo de comida mal puesto que podía. Los jitomates, la mantequilla y las manzanas eran sus favoritos.

Una tarde, cuando yo estaba en la escuela de posgrado, salí de mi habitación y encontré un filete de carne completamente intacto, empaquetado y congelado en medio del suelo de mi sala de estar. Me sentí confundida hasta que vi a Bo oculto en su escondite detrás de una silla. Tenía la cabeza gacha y esos ojos culpables que tan bien conocía.

Lo único que pude hacer fue reírme. Al parecer, mi compañera de cuarto había dejado su cena descongelándose en la encimera antes de salir a hacer un mandado. Bo había hecho lo que sabía que no debía hacer. Sin embargo, en algún momento de su atraco al filete, le invadió un sentimiento de convicción. Él era la imagen de la batalla interna de Pablo en Romanos 7.

La ansiedad puede tener varios orígenes. La *naturaleza* (como la personalidad o la predisposición biológica), la *crianza* (como la dinámica familiar y social), el *contexto* (como la época del año escolar, el conflicto en una relación y demás) y los *traumas del pasado* pueden entrar en juego. También puede hacerlo la convicción. Nuestro deseo de *querer* hacer lo correcto puede generar ansiedad.

Para mí, la lucha de Pablo hace de Romanos 7 uno de los capítulos con los que más nos identificamos de toda la Biblia. Aquí tienes un cristiano que amaba al Señor y aun así luchaba con la pregunta:

«¿Por qué hago las cosas que *no* debo hacer, y por qué no hago las cosas que *sí* debo hacer?». Pablo se hallaba atrapado en la guerra entre su pecado y su conciencia (donde el Espíritu Santo estaba obrando). Estaba frustrado. Y su batalla aumenta a lo largo del capítulo, culminando con una declaración exasperada: «¡Miserable de mí!».

Podemos trazar el patrón de los pensamientos de Pablo en los versículos 24-25: están orientados hacia dentro y luego hacia fuera y hacia arriba.

En el *interior* de Pablo, leemos el ir y venir de sus pensamientos. Luchó honestamente consigo mismo, haciéndose preguntas y respondiendo a ellas. Luego se dirigió *hacia fuera*, planteando una pregunta desesperada: «¿Quién me libertará de este cuerpo de muerte?». Finalmente, se *elevó* hacia Dios, dando gracias al recordar la redención de Jesús. En esto podemos encontrar la convicción, la confesión y la seguridad del perdón. El hombre entregado a Jesús y autor de trece libros del Nuevo Testamento nos muestra que estamos seguros para luchar en nuestro Señor.

A veces, cuando no puedo descifrar qué es pecado, qué es ansiedad y qué es convicción legítima, pongo mis manos sobre mi pecho y me encierro *en mí misma, hacia mi interior*. Lucho una y otra vez, orando por claridad y discernimiento. Luego pongo las manos abiertas con las palmas hacia arriba sobre mi regazo, colocando en mi mente todo el lío de pensamientos y emociones en ese espacio (*hacia fuera*). *Elevo* mis manos, ofreciéndoselo todo al Señor y recibiendo Su recordatorio: «Consumado es. Estás perdonada. Eres mi hija amada y estás a salvo conmigo». Gracias a Dios en Jesucristo, ahora no hay condenación para los que ponemos nuestra fe en Cristo (Ro 8:1). Absolutamente nada —incluyendo nuestra incapacidad para descifrarlo o hacerlo bien— puede separarnos de Su amor (Ro 8:38).

Inhala: **¿Quién me rescatará en esta batalla?**
Exhala: **a Dios gracias en Jesucristo.**

¿Qué batalla estás librando contigo mismo en este momento? Tómate un par de minutos para intentar usar tus manos y tu cuerpo para ofrecerle esta batalla al Señor y recibir de nuevo Su gracia.

EL VALOR PARA SER VULNERABLE

*Adelantándose un poco, se postró en tierra y oraba que si fuera
posible, pasara de Él aquella hora. Y decía: «¡Abba, Padre! Para
Ti todas las cosas son posibles; aparta de Mí esta copa, pero no
sea lo que Yo quiero, sino lo que Tú quieras» (Mr 14:35-36).*

En el pasaje de hoy, Jesús estaba en el huerto de Getsemaní. Estaba a punto de ser traicionado por Su amigo Judas. Estaba batallando. No era un héroe confiado que va a la batalla, sabía que estaba a punto de ser brutalmente ejecutado, y dejó que esta realidad impactara Su corazón. Marcos 14:33 nos dice que Su aflicción y angustia eran profundas. Jesús estaba abrumado por el dolor y la angustia, hasta el punto de sudar sangre (Lc 22:44). Aquí en el huerto, Jesús era vulnerable.

La ansiedad puede hacerme sentir igual de vulnerable. Y cuando me siento vulnerable, tiendo a mostrarme resistente. No quiero que los demás piensen que necesito ayuda. No quiero ser carga para nadie. Quiero descifrarlo sola. El aislamiento, sin embargo, tiende a empeorar las cosas.

La investigación ha demostrado que la sanidad y el cambio requieren vulnerabilidad. Cuando te raspabas la rodilla de niño, tenías que enseñársela a tu mamá para que te la limpiara. La vulnerabilidad consistía en dejar que tu madre viera y curara tu herida. Exigía arriesgarse y bajar la guardia. Lo mismo ocurre cuando batallamos con ansiedad, vergüenza u otros tipos de dolor interno. La sanidad ocurre en parte al revelar lo que *llevamos dentro* a alguien seguro y de confianza. Debemos arriesgarnos a dejar que alguien más nos *vea* y nos *ame*.

Me ayuda recordar que el Dios del mundo se *hizo* vulnerable en Su propia angustia ansiosa. En un momento de profunda honestidad, cayó al suelo, clamando a Su Padre en desesperación.

Da miedo arriesgarse a ser vulnerable. Pero Jesús encontró valor en quién es Dios. Con «Abba», reconoció a Dios como Su Padre compasivo. Con «para Ti todas las cosas son posibles», reconoció a

Dios como Su Rey soberano. Recordar el amor de Dios y Su poder hizo a Jesús valiente. Elevó una oración increíblemente vulnerable: «Aparta de Mí esta copa». *Por favor, Dios, quítame esta carga. Por favor, cambia estas circunstancias. Sé que eres capaz de hacerlo.*

Hay un aire de desesperación en la petición de Jesús. Sabía que Su Padre lo amaba tan profundamente que podía clamar de todo corazón. Entonces ofreció Su deseo de confiar: *Pero no sea lo que Yo quiero, sino lo que Tú quieras.* Su necesidad no lo hizo falto de fe. Y Su fe no menospreció Su necesidad. Dejó que ambas existieran en tensión.

Requiere mucho valor el ser tan honesto como lo fue Jesús aquí. Pero apuesto a que no se *sentía* valiente. Valentía es hacer lo que da miedo. A menudo, pedir la ayuda de los demás o de Dios resulta vergonzoso y angustioso. Supone el riesgo de cargar a alguien o de recibir una respuesta que quizás no sea la que queremos oír.

En este caso, Dios *no* asumió la carga de Jesús. Su historia máxima de amor consistió en utilizar esa misma carga (la propia muerte de Jesús) para bendecir al mundo. Si Dios no te quita la carga, estás bien acompañado, Jesús mismo supo lo que era eso.

En mi experiencia, la vida cristiana implica mucho más *redimir* cargas que *quitar* cargas. Dios sin duda puede hacer ambas cosas: puede *utilizar* nuestras luchas para el bien, y puede *eliminarlas* por completo. Solo Él sabe qué es lo mejor. Una cosa que sabemos con certeza es que el amor es siempre Su objetivo. Ninguna de nuestras luchas es en vano, pues Él nos moldea cada vez más para que seamos personas que dan y reciben amor con vulnerabilidad.

Inhala: **Cuando siento la tentación de guardarme mi ansiedad...**
Exhala: **dame el valor para ser vulnerable, Señor.**

¿Cuáles son algunas de las cosas que te impiden compartir vulnerablemente con Dios? ¿Qué te impide ser vulnerable con los demás?

ACEPTADOS EN NUESTRA LUCHA

Estando las puertas cerradas, Jesús vino y se puso en medio de ellos, y dijo: «Paz a ustedes». Luego dijo a Tomás: «Acerca aquí tu dedo, y mira Mis manos; extiende aquí tu mano y métela en Mi costado; y no seas incrédulo, sino creyente» (Jn 20:26-27).

Hace poco, un querido amigo me describió una experiencia de extrema ansiedad. Sintió que le ardían las manos y la adrenalina le recorría el cuerpo. Su mente y su cuerpo se sentían casi completamente fuera de control. Comenzó a luchar con Dios. «¿Dónde estás? ¿Acaso estás ahí?». «¿Cómo puedes ser bueno si permites que sucedan cosas así?». «¿Cómo puedo creer que me amas si me dejas pasar por esto?».

A menudo, cuando experimentamos una impotencia significativa o una pérdida de control (como en el caso de una muerte, un accidente, el final de una relación, una enfermedad física, un abuso o algo más), nos quedan grandes preguntas para Dios.

En Juan 20, leemos sobre la duda de uno de los discípulos de Jesús. Tomás acababa de perder a uno de sus mejores amigos y estaba luchando con su fe. Es muy posible que se hiciera las mismas preguntas que mi amigo. Era entendible que estuviera molesto y escéptico. No solo desconfiaba de lo que Jesús le había dicho (Mt 20:17-19), sino que se sentía cínico ante la afirmación de los otros discípulos de que Jesús había resucitado de entre los muertos. En Juan 20:25, Tomás dijo, en esencia: «Pruébenlo. Si no veo y toco las heridas de Jesús, no lo creeré».

Una de las realidades más liberadoras de la fe cristiana la frecuencia con la que leemos sobre el pueblo amado de Dios luchando con Su bondad y con quién es Él. Luchan en su sufrimiento, como lo hizo Pablo con su espina (2 Co 12:7). Luchan en su dolor, como lo hizo Marta cuando murió su hermano Lázaro (Jn 11:21).

Y luchan en sus anhelos, sobre los cuales leemos en muchos lugares (en especial en los Salmos). El cristianismo no es una fe para personas que tienen todas las respuestas y todo bajo control. Es una fe para quienes crecen en la dependencia de Jesús, cuya aceptación llena de gracia se extiende a todas nuestras preguntas. El cristianismo honesto vive en la intersección de la fe y la duda.

Analicemos con calma cómo se enfrentó Jesús a la gente que dudaba en Juan 20.

Primero lo vemos acercarse intencionadamente *hacia* los Suyos al ir al lugar donde se habían reunido. Les ofreció consuelo con las palabras «Paz a ustedes».

Lo siguiente que hizo Jesús merece una pausa. ¿Avergonzó a Tomás por sus dudas? ¿Lo sermoneó? ¿Ignoró su pregunta? No: Jesús aceptó la duda de Tomás y se acercó a *él* específicamente en tanto cuerpo como en alma. Fue vulnerable al ofrecerse a Tomás para que interactuara con Él. Invitó a Tomás a tocar las cicatrices de Su crucifixión, animándolo a confrontar su duda.

Jesús no permanece distante cuando batallamos con preguntas que surgen de nuestras experiencias de impotencia. Se acerca en el Espíritu Santo.

Dios te creó intencionadamente con un cuerpo y, en la actualidad, Él sostiene el complejo funcionamiento de cada una de sus partes. Ponte los dedos en la muñeca y tómate el pulso. *Siente* la sangre bombeando por tus venas. El Rey te sostiene. Él mismo se enfrentó a la impotencia en la cruz para que tú nunca más te enfrentes a la impotencia por cuenta propia. Él te ha dado Su cuerpo de creyentes y el Espíritu Santo para soportar tus luchas contigo. Él acepta con amor todas tus luchas; Él te invita a hacer todas tus preguntas.

Inhala: **Cuando estoy luchando...**
Exhala: **Jesús me ofrece Su cuerpo.**

¿Cuál es una de tus grandes preguntas en este momento? ¿Con quién te imaginas compartiendo esa pregunta en el cuerpo de Cristo?

DIOS NOS SOSTIENE

Él es la imagen del Dios invisible, el primogénito de toda creación. Porque en él fueron creadas todas las cosas, las que hay en los cielos y las que hay en la tierra, visibles e invisibles; sean tronos, sean dominios, sean principados, sean potestades; todo fue creado por medio de él y para él. Y él es antes de todas las cosas, y todas las cosas en él subsisten (Col 1:15-17, RVR1960).

Hoy he conducido seis horas desde Tennessee hasta Virginia con mi perro enfermo en el coche.

Había estado temiendo este viaje.

Mi espalda ha sufrido contracturas durante la última semana. Esto significa que conducir es particularmente doloroso en este momento.

Mi mente le ha estado dando vueltas a un conflicto particular que tengo con cierta amistad. Esto significa que el tiempo a solas es abrumador en este momento porque mis pensamientos tienen rienda suelta para acosarme.

Voy a reunirme con mi familia. Esto significa que el estrés es probable.

¿Qué significa que Dios sostiene todas las cosas cuando parece que se están desmoronando?

Les hice esa pregunta a los amigos de mi estudio bíblico esta mañana. Abrimos con los versículos mencionados de Colosenses. En este pasaje, leemos que Dios creó todas las cosas en el Hijo. Creó el sol y el oxígeno, los latidos del corazón y la gravedad. Creó las complejidades de los átomos y de las moléculas y los misterios del amor y de la belleza. Abraham Kuyper escribió que «no hay un centímetro cuadrado en todo el dominio de nuestra existencia humana sobre el cual Cristo, quien es Soberano sobre todo, no grite: "¡Mío!"».[2]

Mis amigos y yo intercambiamos ideas sobre metáforas del mundo real. Como Dios, el director de una obra de teatro conoce los pormenores de cada escena, de cada guion y de cada transición.

El director de una orquesta lleva el ritmo de cada canción y conoce la parte de cada instrumento. Un agricultor está al tanto de la tierra, las estaciones y las cosechas mientras cuida de las plantas a diario. Y un buen padre te sujeta con fuerza con un abrazo de oso cuando te estás desmoronando. En todas estas formas, vemos el sustento, mantenimiento, mayordomía, participación íntima.

Nuestro Dios, sin embargo, es aún más grande que todo esto. El Creador-Sustentador de todo el universo nunca se toma un descanso. Nunca pierde el ritmo. Nunca se pierde nuestras lágrimas. Está presente incluso en nuestro anhelo de que aparezca. Nuestro deseo de alivio y sanidad es una señal de que Él está obrando. Su amor nunca deja de venir por nosotros.

Así que, permíteme compartir lo que me ha sucedido hoy.

Después de cinco horas de viaje, noté que mi espalda no se sentía tan irritada como pensé que lo estaría. ¡Me sentí tan agradecida! Comencé a preguntarme de qué otras maneras Dios me había sustentado. En ese momento, un pódcast sobre el dolor crónico captó toda mi atención. Previamente, un audiolibro me entretuvo. Una lista de reproducción me ofreció innumerables canciones para cantar. Un cojín para la espalda sostuvo mi columna vertebral. Hermosas montañas capturaron mi imaginación. Mi perra sonrió con su sonrisa habitual a pesar de no encontrarse bien. Una amiga me envió un mensaje diciendo que estaba orando por mí. Esquivé a un conductor loco y evité un accidente. En todas estas cosas, Dios me sostuvo. Vino a mi encuentro con el recordatorio de Su íntima soberanía. No es que haya eliminado cualquiera de los factores que me hacían sentir que mi mundo se desmoronaba. En lugar de eso, me ayudó a mitigar mi preocupación al alimentar mi asombro ante Su provisión. Abrió mis ojos a cómo Su amor se acercaba a mí.

Inhala: **Cuando parece que las cosas se están desmoronando...**
Exhala: **Dios sostiene todas las cosas.**

Dedícale algún tiempo a preguntarte cómo te ha sostenido Dios hoy (o ayer).

CONEXIÓN DISFRUTADA

«La valentía no es la ausencia de ansiedad, sino la práctica de confiar en que seremos sostenidos y amados pase lo que pase».

K. J. Ramsey, *This Too Shall Last* (Esto también perdurará)

La historia cristiana es una de incesante búsqueda por parte de nuestro Dios, un constante llamado (y nuevo llamado) a relacionarnos con Él. Dios toma la iniciativa una y otra vez, invitándonos a acudir a Él, a confiar en Él. Dios desea que Su amor se extienda a cada parte de nuestros corazones, mentes y cuerpos... y a este mundo. Una y otra vez, nos recuerda que no hay nada que podamos hacer para que nos ame más, y no hay nada que podamos hacer para que nos ame menos. Él nos ama perfectamente. Nuestra fe depende de lo que *Él* ha hecho, no de cualquier cosa que hagamos nosotros.

Sin embargo, Dios no nos deja como nos encuentra. Sale a nuestro encuentro en cada rincón profundo, oscuro y angustioso de nuestras vidas, y nos ofrece más. Nos ofrece Su Espíritu mientras aprendemos a vivir como Sus hijos amados.

Cuando adopté a mi perra, Bella, ella solo había vivido en una perrera. No se había criado en un mundo con muchas normas o muchas caricias. La paseaban dos veces al día y la apareaban dos veces al año, y le encantaba cualquier atención que le prestaran.

La traje a casa para un «fin de semana de prueba» hace un par de meses. Caminó nerviosa por la casa durante un rato. Luego se sentó en el suelo y me miró en busca de orientación. ¿Y ahora qué? Bueno, me senté en el sofá y dejé que saltara y lanzara su cuerpo de treinta kilos sobre mi regazo. Luego nos acurrucamos por un buen rato. En muy poco tiempo, supe que iba a ser mía. Yo sería su humana y ella sería mi criatura. Salí y le compré un collar y una placa que decía *Bella Edrington*. Le puse mi apellido. Ahora está aprendiendo a ser mía, y al hacer eso está aprendiendo a ser una mascota amada.

No hay nada que Bella pueda hacer para que yo la quiera menos. A veces su comportamiento me asusta o me preocupa, pero eso no cambia mi profundo afecto por ella. No hubiera sido cariñoso de mi parte adoptarla y luego dejarla a *ella* descifrar cómo vivir la vida conmigo. Ella me busca para *aprender* a ser mía. Y a mí me toca enseñarle cómo florecer, cómo disfrutar de ser la criatura que Dios ha creado. Esto significa que está aprendiendo a jugar con pelotas de tenis, está aprendiendo a «sentarse», está aprendiendo todo tipo de cosas sobre lo que significa ser una mascota.

Y nos ocurre algo similar: estamos completamente seguros en el amor de Dios, quien nos ha adoptado en Su familia. Él nos ha sellado (2 Co 1:22). Y ahora nos toca aprender a disfrutar de esa conexión. Nos toca aprender a vivir como conforme al propósito por el cual fuimos *creados*. Nos estamos *convirtiendo*, cada vez más en lo que Dios planeó para nosotros. Así como Bella está aprendiendo a confiar cada vez más en mí para que la guíe a ser una mascota amada, nosotros estamos aprendiendo a confiar cada vez más en Jesús. Estamos aprendiendo a ser Sus hijos amados y dependientes, quienes participan en Su gran historia de llenar la tierra con Su amor.

RECIBIR EL PAN DIARIO

Jesús les dijo: Yo soy el pan de vida; el que a mí viene, nunca tendrá hambre; y el que en mí cree, no tendrá sed jamás
(Jn 6:35, RVR 1960).

Dios ama los cuerpos.

Lo sé. Suena raro. Pero quédate conmigo.

Nuestros cuerpos son un campo de batalla para nuestra ansiedad. Se ruborizan, les salen ronchas, se tensan, arden de energía, se estremecen, se entumecen, tienen náuseas. A veces parece que el cuerpo es el enemigo.

Pero el Creador mismo del universo asumió un cuerpo que era capaz de sentir todas esas cosas. Jesús no se saltó las partes difíciles de tener un cuerpo, tuvo hambre, necesitó dormir, pasó por la pubertad, sufrió dolor. Puede empatizar con nuestro malestar.

Jesús también se acercó al Padre con Su cuerpo. Sostuvo las Escrituras en sus manos, abrió la boca en oración, se apartaba de la gente para estar en comunión con Dios. Recibió cuidados corporales en forma de comida, lavado de pies y la presencia amorosa de los demás.

Jesús nos mostró que nuestros cuerpos son una parte importante de cómo recibimos a Dios cada día.

En nuestro pasaje de hoy, lo oímos decir algo bastante extravagante. Declaró que Él es el pan de vida. Se dirigía a una gran multitud de personas que había alimentado el día anterior con solo dos peces y cinco panes. Cuando se reunieron aquel día, no solo les había predicado. Había atendido sus necesidades corporales. Había reconocido el hambre que sentían en sus estómagos y les había dado de comer. «Fueron saciados», dice Juan en 6:12 (RVA-2015).

Así que en este día en que afirmaba ser el pan de vida, la gente recordaría que Jesús los había alimentado el día anterior. Se les vendría a la mente el sabor del pescado recién cocido y del pan seco y masticable. Recordarían haber abierto las manos para recibir aquel sustento. Ligarían su experiencia de plenitud y satisfacción con esta gran afirmación: «Yo soy el pan de vida».

Esta no es la declaración de un simple maestro. Es la declaración de un Señor. Es una invitación a recibir cada día el misterio de la gracia de Dios. Es el recordatorio de que *Él* es quien —como el pan— sustenta. Él tiene algo más que solo información para Su pueblo. Se ofrece a *Sí mismo* como nuestra provisión cada día, y a nosotros nos toca confiar en que nos proveerá para el mañana.

El Rey Jesús, el pan de vida, es una comida interminable. Él alimenta nuestras almas encarnadas de innumerables maneras, ya sea aliviando nuestra ansiedad, dándonos perseverancia para el día, despertando esperanza para el futuro u ofreciéndonos compañía al sufrir con nosotros nuestras experiencias dolorosas. Él anhela que nos deleitemos en Él.

Cuando nos invade la ansiedad por lo que sucederá mañana, podemos buscar las maneras en que el Señor nos invita a recibir hoy Su gracia con nuestros cuerpos. Podemos recibirlo a través de las verdades que captan nuestros ojos al leer la Palabra de Dios. Podemos recibirlo a través de cada bocado de comida sabrosa y bebida que nos satisface. Podemos recibirlo a través de la música que cosquillea nuestros oídos y deleita nuestras almas. Podemos recibirlo a través del calor del sol sobre nuestra piel y el consuelo del abrazo de un amigo. El cuerpo de Dios quebrantado por nosotros significa que siempre hay más de la gracia de Jesús para recibir.

Inhala: **Mi cuerpo no es el enemigo.**
Exhala: **Es un receptor del pan de vida.**

¿De qué manera puedes recibir hoy con tu cuerpo la gracia ofrecida a través del pan de vida?

HONRAR NUESTROS LÍMITES

Yo soy la puerta; si alguno entra por Mí, será salvo; y entrará y saldrá y hallará pasto. El ladrón solo viene para robar, matar y destruir. Yo he venido para que tengan vida, y para que la tengan en abundancia (Jn 10:9-10).

En días recientes, he estado viendo un programa cursi de televisión canadiense llamado *Heartland*. La historia gira en torno a familias que poseen caballos, ranchos y ganado (y viven muchos dramas, como es de esperarse). He aprendido que, cuando se tienen vacas, una de las cosas más importantes que se deben hacer es mantener el cercado. Si una cerca está dañada o rota, las vacas pueden escaparse y pueden ocurrir muchas cosas malas. Pueden ser robadas o caer por barrancos. Pueden resultar heridas por animales salvajes. El cercado es un elemento fundamental para que las vacas prosperen.

Vivimos en un mundo que nos dice que el cercado es opresivo y que lo carente de límites es libertad. Ahora tenemos opciones de género ilimitadas. El acceso a la información a través del Internet parece ilimitado. Los menús de los restaurantes parecen novelas. Nos dicen que en verdad seríamos libres si pudiéramos deshacernos de todo lo que nos impide seguir a nuestros corazones.

Pero ¿y si esta imagen de libertad en realidad está alimentando nuestra ansiedad? ¿Y si la ausencia de límites no nos conviene?

En nuestro pasaje de hoy, Jesús se refiere a Sí mismo como la puerta de un redil. Al igual que las cercas de *Heartland*, un redil protegía a los animales por la noche, permitiéndoles descansar con seguridad mientras su pastor los protegía de depredadores como los lobos. La bondad y la confiabilidad del pastor significaban que los límites del redil daban vida en vez de quitar libertad.

Lo mismo ocurre con los seres humanos. Encontramos el verdadero descanso y la verdadera libertad de la ansiedad cuando honramos los buenos límites que Dios ha creado. Algunos de estos límites son externos, como los Diez Mandamientos.

Si todos los siguiéramos —amando y respetando a Dios y a los demás—, el mundo sería un lugar mucho más hermoso. Otros límites son necesidades internas. Incluso la persona perfecta de Jesús necesitó comida, descanso y compañía. No era un robot.

La intención de nuestro buen pastor no fue que trabajáramos las veinticuatro horas del día, que tuviéramos todo el conocimiento del mundo o que poseyéramos los dones únicos de nuestros amigos. Su intención no fue que fuéramos dotados en todo ni que tuviéramos energía para cada evento posible. Nos creó con límites —y la necesidad de límites— que nos ayudan a florecer. Aunque a menudo nos frustramos cuando chocamos con nuestros límites, Dios está obrando dentro de nuestros límites. Por ejemplo, el límite físico de nuestra necesidad de dormir no va a desaparecer. Pero Dios puede estar sanando lo que pensamos y sentimos sobre el descanso (¡lo cual nos ayuda a prosperar!).

Para mí, honrar mis límites puede significar decir que no puedo cuando no tengo la energía. Puede consistir en cerrar mi portátil a las 5 p.m. en lugar de ser obsesivo al perfeccionar mi trabajo. Puede ser llamar a un amigo en busca de apoyo cuando no logro apagar mi mente ansiosa. Puede ser aclarar lo que siento en realidad cuando otra persona hace una suposición sobre lo que siento.

Una cosa es segura: siempre necesito que me recuerden los buenos límites que Dios ha establecido para mi florecimiento. Cuando abro la Palabra de Dios, las mentiras de mi ansiedad son acorraladas por las verdades de quien soy en Cristo. Aquí me guía un verdadero buen pastor en lugar de mi corazón errante. En Él, encontramos sanidad para todas las formas en las que nos resistimos a nuestros límites cuando tratamos de vivir en nuestros propios términos aparte de Dios. En Él, encontramos la vida plena.

Inhala: ***Tengo límites...***
Exhala: ***por designio del buen pastor.***

A menudo nos sentimos frustrados o avergonzados por los buenos límites que Dios nos ha dado. ¿Hay algún límite que el Señor te esté invitando a honrar en lugar de ver con vergüenza?

DESCANSAR CON JESÚS

*«Marta, Marta, tú estás preocupada y molesta por tantas cosas;
pero una sola cosa es necesaria, y María ha escogido la parte
buena, la cual no le será quitada» (Lc 10:41-42).*

«Estás preocupada y molesta por tantas cosas». Qué afirmación tan acertada sobre mi vida. Es como si Jesús me estuviera diciendo a *mí* mis verdades al decírselas a Marta.

Pero Jesús nunca les dice a las personas sus verdades para avergonzarlas o burlarse de ellas. Se las dice para invitarlas a experimentar más de Su gracia. Las llama a descansar en Él mismo.

Hay pocas personas en la Biblia con las que me identifique tanto como con Marta.

Me la imagino un poco afanosa. Le abrió de buen grado su casa a Jesús (Lc 10:38). Quería que tuviera una experiencia maravillosa. Así que empezó a ordenar y organizar. Preparó la comida. Se afanó con una lista enorme de cosas que hacer para ser una buena anfitriona. Su deseo de servir bien pronto eclipsó al que estaba sirviendo. Sus ojos se desviaron hacia todo lo que quería hacer en vez de hacia Aquel que amorosamente esperaba estar con ella.

Me pregunto si las ocupaciones de Marta se parecen a las mías. Mis ocupaciones pueden ser tanto una fuente como un subproducto de mi ansiedad. En la preparatoria, tenía todas las horas del día programadas con la escuela, los estudios bíblicos, las prácticas deportivas y las tareas. Mi vida estaba impulsada por cosas «buenas», pero esas cosas buenas también eran una enorme fuente de estrés. Si tenía un pequeño hueco en mi agenda, mi ansiedad me hacía ir de un lado a otro como Marta, buscando tareas que hacer… cualquier cosa que me distrajera o me diera una sensación de logro.

Hay muchas razones por las que Marta puede haber estado corriendo como una gallina sin cabeza. Si era como yo, es probable que le resultara más fácil ser un *hacedor* humano que un *ser* humano. Apuesto a que ella también sentía una sensación de poder al completar tareas. Ella también podía evitar la soledad y la decepción al llenar su agenda.

Pero aquí, en Lucas 10, se nos muestra un camino mejor. No es necesariamente el camino *más fácil* (aunque parece que debería serlo). Pero sí es mejor. Jesús interrumpió el ansioso ajetreo de Marta con la invitación a descansar en Su presencia.

Observemos primero la *forma* en la que Jesús interrumpe. Después de interrumpir con ternura a Marta, usando su nombre, Jesús reconoció su realidad. La vio, se dio cuenta de que estaba ansiosa por muchas cosas y se lo hizo ver. Con amor, le mostró un espejo, invitándola a ver que su ajetreo no le servía.

Entonces le hizo prestar atención a María. En el versículo 39, nos enteramos de que María estaba sentada a los pies del Señor, escuchándolo. No sabemos cuál era la motivación de María. No se nos habla de sus luchas. Es posible que estuviera aún más ansiosa que Marta.

Lo que sí sabemos es que María puso su cuerpo en posición de descansar en la presencia de Dios. Con todo lo que pasaba en su vida, hizo una pausa y abrió sus oídos para escucharlo.

Es muy posible que a María le haya costado trabajo dejar sus propias tareas para sentarse con Jesús. Pero aun así se apartó de aquellas tareas y se postró en el suelo. Colocó su cuerpo en una posición que la ayudó a prestarle atención a Jesús. Le dio prioridad a escuchar a Aquel que podía recordarle que era amada, enseñarle Su propósito y darle fe en Su soberanía. Él podía ofrecerle un mejor alivio que el que podría ofrecerle el cumplimiento de las tareas. María utilizó su cuerpo y sus oídos para descansar en la presencia de Jesús.

Inhala: **Cuando estoy preocupada y molesta por muchas cosas...**
Exhala: **Jesús me invita a descansar a Sus pies.**

¿De qué manera puedes usar hoy tu cuerpo y tus oídos para descansar en la presencia de Dios? Por ejemplo, intenta caminar por un lugar hermoso mientras escuchas música que alabe a Dios.

SOLTAR NUESTRA NECESIDAD DE SABER

De la misma manera, también el Espíritu nos ayuda en nuestra debilidad. No sabemos orar como debiéramos, pero el Espíritu mismo intercede por nosotros con gemidos indecibles. Y Aquel que escudriña los corazones sabe cuál es el sentir del Espíritu, porque Él intercede por los santos conforme a la voluntad de Dios (Ro 8:26-27).

Todos tenemos pensamientos intrusivos: imágenes o pensamientos indeseados que aparecen de pronto en nuestras mentes. Puede ser el temor de que algo malo suceda o puede ser una idea angustiante que quieres sacar de tu cerebro. La mayoría de las veces, estos pensamientos llegan a nuestra consciencia como los pájaros llegan a un árbol y luego salen volando. Pero a veces alguno se queda atascado en las ramas. Da vueltas y vueltas. Cuando esto ocurre, decirnos a nosotros mismos que dejemos de pensar en ello no funciona.

Para demostrar cómo funciona la mente, intentemos algo: quiero que no pienses en un elefante rosa.

¿Qué ha ocurrido? De inmediato, se te ha venido a la mente la imagen de una bestia gigantesca de trompa sonrosada, ¿verdad?

Puede ser difícil incluso saber cómo orar cuando un pensamiento se repite. Es entonces que necesitamos ayuda externa: como lo dice nuestro versículo de hoy, Alguien que interceda por nosotros.

Tuve uno de esos momentos el mes pasado. Acababa de asistir a la boda número cincuenta y cinco desde la universidad. Siempre he querido casarme, así que, aunque me alegré mucho por mis amigos, me invadieron grandes oleadas de tristeza, enojo y soledad al volver a casa. El pensamiento que se repetía era: *Nunca voy a casarme. Para mí, nada cambia.*

He aprendido que en estos momentos de bucle tengo que ponerme en marcha. Así que salí por la puerta y me subí a la bicicleta, conteniendo todo lo que sentía. Al pedalear con furia, recuerdo que pensé: *Señor, ni sé cómo orar*. Así que dirigí mis emociones hacia Él y, sin palabras, le entregué todo lo que tenía.

En mi mente, todavía puedo ver dónde me encontraba en el camino cuando intervino el Espíritu Santo. No fue un momento eureka asombroso. Fue un simple recuerdo que apareció en mi mente: al final de mi adolescencia, pensé que había perdido el ciclismo para siempre cuando empezó a causarme terribles dolores de espalda. Pero en mis treintas, Dios me devolvió el ciclismo. Con ese recordatorio del Espíritu, la gratitud llenó mi corazón. Empecé a confesarle a Dios todas las cosas que *en realidad no sabía* (porque había creído *saber* que nunca volvería a andar en bicicleta).

«No sé si nunca volveré a correr. No sé si nunca me casaré. No sé si algún día tendré un kayak». Los pensamientos de Dios son más elevados que nuestros pensamientos, y sus caminos no son nuestros caminos (Isa 55:8-9).

A menudo creo inconscientemente que la vida sería mejor *si tan solo supiera* qué será de mi futuro. Mi mente da vueltas y vueltas al tratar de descifrarlo. Pero Dios es quien *en realidad sabe* lo que va a suceder. Y me ha sorprendido en más de una ocasión.

Él es también quien garantiza que mi historia tendrá un final redentor sin importar cuánto me atasque en una determinada suposición, predicción, temor o recuerdo.

Ojalá pudiera decir que salí con la santa intención de presentarle mi corazón al Señor en aquel paseo en bicicleta. Pero la realidad es que el Espíritu salió a mi encuentro en mi debilidad. Simplemente me subí a la bicicleta y comencé a derramarle mi alma a Dios. Mirando hacia atrás, veo ahora que el Espíritu estaba escudriñando mi corazón, cuidando de mí y orando por mí (intercediendo). Se encontró conmigo justo donde sabía que necesitaba ser encontrada. Me estaba ayudando a soltar lo que *yo creía saber*. Me estaba ayudando a confiar en Él en mi *necesidad de saber*.

Inhala: **Cuando estoy atascado en mi necesidad de saber...**
Exhala: **el Espíritu intercede por mí.**

Haz una lista para practicar el entregarle al Señor lo que crees saber. «Jesús, no sé ____________________».

RENDIR NUESTRA LEALTAD AL REY JESÚS

En el temor del SEÑOR hay confianza segura, y a los hijos dará refugio. El temor del SEÑOR es fuente de vida, para evadir los lazos de la muerte (Pr 14:26-27).

El temor humano es algo poderoso. A menudo acecha bajo la superficie sin que nos demos cuenta. Nos enfadamos con un amigo cuando no nos invita a salir (tememos que en realidad no le caigamos bien). Actuamos como si no nos importara cuando nadie nos invita a una cita romántica (tememos que algo ande mal con nosotros). Procrastinamos o nos obsesionamos con nuestras tareas (tememos fracasar). Le restamos importancia a nuestro deseo de formar parte del equipo, de que nos devuelvan la llamada o de ir a cierta universidad (tememos que nos rechacen).

El temor no suele sentar bien. Pero no es algo malo. Como cualquier emoción, nos habla de algo importante que está ocurriendo en nuestra historia. Y puede ayudarnos a sentir curiosidad por saber qué es. Por ejemplo, una vez mi perra se escapó, y me aterrorizó que la atropellara un coche. Este temor me dijo que Bella me importaba mucho. En otra ocasión, mi médico me dijo que mis riñones no funcionaban bien. Temía que mi diagnóstico pudiera significar una vida más corta. Este temor me dijo que me importaba mucho vivir.

Tim Keller escribió: «"Temor" en la Biblia significa estar abrumado, ser controlado por algo».[3] Las cosas que tememos tienen mucho poder de control en nuestras vidas. Este poder aumenta cuando evitamos estas cosas o centramos nuestra preocupación en ellas. Debemos darnos cuenta cuando estamos en el proceso de temer. Para mí, esto a menudo implica preguntarle al Espíritu Santo y a un amigo: «¿A qué le temo en este momento?».

Luego, tengo que exponerle ese temor al único que en realidad merece mi temor: el Rey Jesús. Es tan solo con Él que el temor puede llevar a la *seguridad* y a una *fuente de vida*. Esto se debe a que no hay temor sobre el cual Él no sea soberano. No hay temor que Su amor no pueda alcanzar. Él tiene el poder supremo sobre cada asunto de nuestras vidas. Puesto que Él gobierna desde Su trono, podemos manifestarle nuestros temores al máximo y dejar que Sus verdades hablen contra ellos. Podemos practicar rendirle lealtad a nuestro buen Rey en lugar de a nuestros temores.

Esto puede consistir en confesárselo a un amigo y pedirle que ore por nosotros: «Sé que parece una locura, pero me he estado sintiendo solo, y creo que temo no caerle bien a nadie. ¿Podrías orar por mí?».

Esto puede consistir en escribir una lista de temores y luego buscar cómo los aborda la Palabra de Dios: «Temo no ser querido» —→ «Con amor eterno te he amado, por eso te he sacado con misericordia» (Jer 31:3).

Esto puede consistir en reconocer nuestro temor y luego fijar nuestra atención en la grandeza de nuestro Creador. ¿Dónde experimentas el asombro ante Su belleza? ¿Qué te ayuda a sentir al máximo Su majestuosidad? Elissa, mi amiga infinitamente creativa, lo hace dando «paseos contemplativos de colores». Primero elige cierto color (fucsia, por ejemplo) y entonces, mientras pasea, escudriña su entorno para encontrarlo. Puede ser una flor. Puede ser el envoltorio de un caramelo. Cada vez que encuentra algo, le saca una foto. Deja que su imaginación sea capturada por el glorioso regalo del Señor, el fucsia.

Nuestro Dios nunca descarta nuestros temores. Al contrario, nos invita a traérselos. Él es mucho más digno de nuestra lealtad. Con Él, podemos dejarnos abrumar por Su gloriosa gracia.

Inhala: **Mi temor es poderoso.**
Exhala: **Pero no tan poderoso como el Rey Jesús.**

¿De qué manera deseas practicar hoy rendirle tu lealtad al Rey Jesús en lugar de a tu temor?

RECORDAR EL REINO INVERSO

*Tres veces he rogado al Señor para que lo quitara [la espina]
de mí. Y Él me ha dicho: «Te basta Mi gracia, pues Mi poder se
perfecciona en la debilidad». Por tanto, con muchísimo gusto
me gloriaré más bien en mis debilidades, para que el poder de
Cristo more en mí (2 Co 12:8-9).*

Algunas ansiedades surgen en pequeños estallidos que se disipan en una o dos horas. Otras persisten durante semanas. Y hay ansiedades que se aferran como una niebla que no se disipa. Se asemejan mucho al dolor crónico.

No hace mucho, tenía un dolor en el pie izquierdo que no desaparecía. Fui a ver a un ortopedista que me mostró las radiografías casualmente y dijo: «Ah, sí. Ni siquiera sé cómo caminas con eso. Nunca volverás a correr ni a jugar fútbol».

Yo estaba devastada, por no decir otra cosa. El fútbol había sido mi pasión durante toda mi vida. Correr también había sido importante para lidiar con las temporadas de depresión. Este fue un verdadero tipo de muerte para mí.

En el día 16, vimos que la transición de muerte a vida es un patrón habitual en el cristianismo. En el reino de Dios, las cosas no funcionan como en el mundo. Jesús no aplasta a Sus enemigos con fuerza bruta. Los desarma con humildad, mansedumbre y sufrimiento, muriendo por nosotros en la cruz. En el reino inverso de Jesús, la debilidad y la dependencia son más valiosas que la fuerza.

En el pasaje de hoy, Pablo describe cómo le suplicó al Señor que le quitara su espina crónica. No sabemos con qué estaba luchando; solo sabemos que era tan perturbadora que le suplicó a Dios que se la quitara. Dios nos invita a pedirle cosas grandes. Si eres como yo, le has suplicado a Dios que te quite una enfermedad crónica.

En las Escrituras, vemos que Dios a veces libró a Su pueblo de enfermedades crónicas como la infertilidad, las hemorragias, la ceguera y la lepra. Pero más a menudo, libró a Su pueblo *a través* de sus enfermedades crónicas. En lugar de eliminar la dificultad, salió a su encuentro *en* su debilidad y dolor... y nos sale al encuentro a nosotros de la misma manera. Se compadece de nosotros (Sal 145:8-9). Llora con nosotros (Jn 11:35). Nos da Su gracia justo cuando la necesitamos. Aquí es donde experimentamos el reino inverso. Aunque nuestro mundo funciona a través de la fuerza y el éxito, nuestro Dios funciona a través de la debilidad y la muerte (2 Co 12:9).

El reino inverso de Dios tiene muy poco sentido mundano, y depende por completo del evangelio. Si la vida, la muerte y la resurrección de Jesús no son ciertas, nuestro sufrimiento no tiene sentido alguno y sentirnos bien en esta vida es lo mejor a lo que podemos aspirar. Pero Jesús nos ofrece más: nos ofrece la oportunidad de *experimentar* y *ser testigos* de Su reino en nuestro dolor. Su gracia sale a nuestro encuentro de formas sorprendentes en cada rincón oscuro. Él extrae belleza del sufrimiento.

El asunto es que nuestras espinas crónicas siguen *sintiéndose* como la muerte. Mi pie sigue doliéndome a diario. Es una cruz que llevo, igual que la ansiedad crónica puede ser una cruz para ti (Mt 16:24).

Pero el misterio de Cristo es este: la muerte no tiene la última palabra. El reino inverso *está aquí* a través del Espíritu de Dios y de Su pueblo. Es mucho más hermoso y asombroso que el reino de este mundo, y está *irrumpiendo* en este mundo todo el tiempo.

Encuentro esperanza en las vidas de aquellos que, como Joni Eareckson Tada, ofrecen su sufrimiento por causa del Reino. Son honestos con su deseo de sanidad, y son generosos al permitir que el cuerpo de Cristo llore con ellos. Sus corazones se ablandan, y son capaces de empatizar y ofrecer compasión (lo cual significa «sufrir con» alguien) de maneras únicas. *Allí crece el amor.*

Inhala: **En mi debilidad...**
Exhala: **Su poder se perfecciona.**

¿Dónde has visto la obra del reino inverso? ¿Has visto a alguien dejar que su debilidad muestre el poder de Dios?

DE REGRESO A CASA

*El Señor está cerca. Por nada estén afanosos; antes bien, en
todo, mediante oración y súplica con acción de gracias, sean da-
das a conocer sus peticiones delante de Dios. Y la paz de Dios,
que sobrepasa todo entendimiento, guardará sus corazones y
sus mentes en Cristo Jesús (Fil 4:5-7).*

Casi siempre, es muy inútil que alguien nos diga: «No te preocupes»
cuando estamos en medio de la ansiedad. Tal vez te hayas preguntado:
Si fuera capaz de no preocuparme, ¿no dejaría de hacerlo cuando quisiera?

La única vez que siento alivio con un «no te preocupes» es cuando la persona que lo dice tiene el poder de en realidad hablar de
mis preocupaciones. Por ejemplo, mi ansiedad disminuyó cuando mi
nefrólogo, un médico especializado en riñones, me dio el diagnóstico
de mi enfermedad renal y luego me dijo: «Es un diagnóstico muy
bueno. No tienes de qué preocuparte».

El pasaje de hoy comienza con poder. *El Señor está cerca.* Aquel
que tiene la capacidad definitiva de detener, aliviar o redimir nuestra
ansiedad se ha acercado a nosotros. Y nos invita a acercarnos a Él.

La oración es una de las principales formas de acercarnos a Jesús.
A menudo pensamos que orar es hablar con Dios. Pero la imagen bíblica de la oración nos ofrece mucho más. Orar es conectar con Dios
utilizando no solo nuestros pensamientos y palabras, sino también
nuestros cuerpos y emociones.

Cuando me siento abrumada y sin palabras, toco mis oraciones
en el piano. Le elevo mis emociones a Dios porque Él conoce mi
corazón mejor que yo misma (Sal 139).

Cuando me invaden pensamientos que no consigo acallar, saco a
mi perra a pasear. Oriento mi alegría en su trote alegre y saltarín hacia Dios. Él me hizo para que disfrutara de Él a través de Su buena
creación (Sal 8:3-4).

Cuando estoy atascada en tratar de resolver una pregunta imposible, me preparo una taza de té y fijo mi atención en el calor, el aroma

y el delicioso sabor. Le doy gracias a Dios por las papilas gustativas y las hojas de té, las teteras que hierven y las tazas reconfortantes.

En la película *Hook: el retorno del Capitán Garfio*, los hijos de Peter Pan son secuestrados por el Capitán Garfio y llevados al País de Nunca Jamás. Garfio empieza a lavarle el cerebro a Jack, el hijo de Peter, para que se convierta en pirata. Y, poco a poco, Jack olvida de dónde viene.

En un momento impactante, Jack está por batear en un partido de béisbol. Lleva dos *strikes*, y un grupo de piratas entusiasmados pero confundidos empiezan a corear: «¡Corre a casa, Jack! (*Run home, Jack!*)» en lugar de «*Home run*, Jack!». Las palabras *corre a casa* le refrescan la memoria a Jack. Recuerda que su hogar no está con los piratas. Está con quienes lo aman.

Para mí, la ansiedad puede parecerse mucho a la amnesia que experimenta Jack. Estoy paralizada y olvidadiza, incapaz de pensar con claridad. Estoy abrumada. Pero sé que si me pongo en marcha, llegaré a casa. Correré a casa con Jesús, quien me ofrece una paz que sobrepasa todo entendimiento. Él se acerca cuando estoy atascada, y cada vez me da la bienvenida a casa.

En nuestra lectura de hoy, oímos hablar de algunas bases hacia las que podemos correr cuando estamos atascados en nuestras preocupaciones. Se nos da la oración, la súplica y la acción de gracias. En la oración es que nos dirigimos a Dios como he descrito antes. La súplica es una petición más específica de lo que queremos y necesitamos. Y la acción de gracias nos arraiga en la gratitud y la alabanza.

Cuando Dios mismo nos invita a no preocuparnos, lo hace desde una posición de poder impregnada de compasión. Él es nuestra base, siempre dispuesto y cerca para recibirnos con Su amor. Cuando corremos hacia Él, podemos estar seguros de que nos saldrá al encuentro a cada paso mientras nos atiende en nuestra ansiedad.

Inhala: **Cuando estoy ansioso...**
Exhala: **el Señor me recibe en casa.**

Haz una lista de tres maneras en las que podrías orar hoy, tres peticiones que tienes para Dios y tres acciones de gracias.

PROMULGAR LA HISTORIA COMPLETA

Que la palabra de Cristo habite en abundancia en ustedes, con toda sabiduría enseñándose y amonestándose unos a otros con salmos, himnos y canciones espirituales, cantando a Dios con acción de gracias en sus corazones (Col 3:16).

Desde el principio de los tiempos, toda la creación ha sido hecha para participar en la historia de amor que Dios está escribiendo. Tanto los seres humanos como las demás criaturas y la naturaleza fueron diseñados para adorar a nuestro Creador Redentor. Una de las principales formas de hacerlo es *recibiendo* y *respondiendo* a Aquel que tiene en Su voz el poder de dar vida y de sanar. Me recuerda al llamado y respuesta que se produjo cuando Aslan trajo a Narnia a la existencia mediante el canto en *El sobrino del mago*.

En la oscuridad empezaba a suceder algo por fin. Una voz había comenzado a cantar. [...] Resultaba tan hermoso que [Digory] apenas podía soportarlo. [...] En ese momento ocurrieron dos prodigios al mismo tiempo. Uno fue que a la voz se le unieron de repente otras voces; tantas que era imposible contarlas. [...] Si las hubieses visto y escuchado, como lo hizo Digory, te habrías sentido muy seguro de que [...] fue la primera voz, la voz profunda, la que las había hecho aparecer y cantar.[4]

Las estrellas y los planetas no pudieron evitar unirse a la canción que entonaba la Primera Voz en la historia de Lewis. Es un eco del Salmo 19:1, el cual nos dice: «Los cielos proclaman la gloria de Dios, y el firmamento anuncia la obra de Sus manos».

Esta es una muestra de cómo hemos sido diseñados para *recibir* y *responder*. Se nos han dado corazones hechos para cobrar vida ante la belleza, la bondad y el amor de Dios en el mundo (y así *recibir*). Y se nos han dado mentes, cuerpos y espíritus hechos para participar en esa historia completa al *responder* mediante la alabanza, el asombro y la gratitud a Dios.

En el versículo de hoy, Pablo nos invita a *recibir* al dejar que la Palabra de Cristo habite en nosotros. Me lo imagino diciendo: «Deja que el misterio de la historia de Dios penetre en tus oídos y se abra paso danzando por cada parte de ti, filtrándose en tu sangre, tu aliento y tus huesos. Deja que se albergue en ti, y albérgate tú en él». Esto puede suceder de muchas maneras. Pablo más adelante nos da ejemplos de cómo enseñarnos y guiarnos los unos a los otros con salmos, himnos y cánticos a Dios, todo ello con gratitud en nuestros corazones.

En el acto de adoración congregacional (ya sea en la iglesia o en grupos más pequeños), recibimos y respondemos a la historia completa de Dios como las voces de Narnia. Dejamos que sus verdades nos inunden, y también las declaramos. Incluso si nuestra ansiedad o depresión nos silencia, participamos a medida que otros cantan por nosotros las palabras que nosotros no podemos.

Dios nos invita a sustituir nuestras preocupaciones ansiosas e intrusivas por la verdad de esta historia grande y magnífica en la que nos ha introducido. El canto y la adoración no necesariamente detienen nuestra ansiedad, pero fijan nuestra atención en algo y alguien mejor. Su melodía es amor y vida en plenitud.

Cuando me invade la ansiedad, la adoración me ayuda a promulgar la historia mejor y completa del reino de Dios en acción. Fija mi atención en las voces que cantan sobre mí y a mi propio sentir mientras dirijo mi corazón, mis manos y mi mente hacia el Rey Jesús.

Inhala: ***Cuando mi ansiedad es fuerte...***
Exhala: ***que la historia completa se haga más fuerte.***

¿Qué canción en particular se apodera de tu corazón y te recuerda las verdades de la historia completa?

MIRANDO HACIA EL FINAL
DE NUESTRA HISTORIA

¡Miren, el hogar de Dios ahora está entre su pueblo! Él vivirá con ellos, y ellos serán su pueblo. Dios mismo estará con ellos. Él les secará toda lágrima de los ojos, y no habrá más muerte ni tristeza ni llanto ni dolor. Todas esas cosas ya no existirán más (Ap 21:3-4, NTV).

¿Y si supieras sin lugar a duda que todo va a salir bien?

Una de las mentiras favoritas de la ansiedad es que las cosas nunca serán diferentes. Pensamos: *Siempre ha sido así y siempre será así.* Nada cambiará nunca.

La primera vez que leí toda la saga de Harry Potter, me costaba mucho trabajo dejar de leer. A altas horas de la noche, se me caían los ojos y me dolían las muñecas, pero no podía parar. ¡Quería saber qué ocurriría! La expectación hasta podía parecer ansiedad. ¿Podrían Hermione y Harry salvar a Hagrid? ¿Se apoderarían Snape y los mortífagos de Hogwarts? ¿Ganaría Voldemort? Sin importar todo lo demás, seguía leyendo. La falta de comodidad momentánea no me impedía esperar con impaciencia el final.

Ahora, cada vez que releo la saga, soy capaz de disfrutar de la historia de una forma diferente. No tengo duda alguna de cómo acabará. Sigo sintiendo el auge y la caída de los conflictos. Como no recuerdo los detalles, sigo preguntándome cómo llegaremos exactamente al final. Pero los momentos especialmente angustiosos no tienen el mismo poder sobre mí. Cuando la preocupación empieza a apoderarse de mí, recuerdo que ya sé cómo termina la historia.

Gracias a que Jesús resucitó de entre los muertos, nosotros también sabemos cómo termina nuestra historia. La muerte no gana. Satanás y sus astutas mentiras no ganan. Nuestra ansiedad tampoco gana. No, nuestro Dios infinitamente creativo está redimiendo esas cosas aquí y ahora en las páginas que llevan al final. Nuestros peores momentos se están convirtiendo en algo hermoso. Dios no borra nuestros desafíos, luchas o tinieblas. En lugar de eso, los transforma. Nos transforma.

En nuestro pasaje de hoy se nos dice que, al final, Dios secará toda lágrima. Esto significa que *ve* cada lágrima. Reconoce nuestro dolor. Le da *importancia* a nuestra ansiedad, a nuestro miedo y a nuestras pérdidas. Y se acerca a nosotros con la delicadeza de un buen Padre.

El final de nuestra historia es en realidad un comienzo. Viviremos en la plena presencia de Dios, cuya luz ilumina todas las cosas (Ap 22:5). Aquí viviremos en perfecta alegría en la vibrante nueva creación. Nuestras historias individuales no se pierden; son gloriosamente redimidas en la historia eterna. Nos empaparemos de la vívida perfección de los colores, la música y las montañas. En nuestros gloriosos cuerpos resucitados, nos disfrutaremos de un festín de comida inimaginablemente deliciosa con personas de lugares y tiempos lejanos. Aquí, nuestra ansiedad terrenal existirá solo como la sombra de un recuerdo porque también habrá sido redimida.

En la vida cristiana, podemos ser honestos con lo difícil que es no estar ansiosos. Podemos clamar a Aquel que se identifica con nosotros, Aquel que no desperdicia *nada* de nuestro dolor, Aquel que vino, murió y resucitó para asegurarnos el final más feliz que se pueda imaginar.

Cuando la ansiedad nos susurre la mentira: «Las cosas siempre serán así», podemos recordar que ya sabemos cómo termina nuestra historia: tendremos una vida perfecta con Cristo para siempre. Podemos animarnos a buscar cómo este final *ya está irrumpiendo. Busca* Su amor en los que te rodean. *Presta atención* para escuchar el sonido de Su voz en las Escrituras. *Siente* Su aire en tus pulmones. Deja que la belleza de Su creación te cautive mientras esperas su plenitud.

RECONOCIMIENTOS

Un enorme y sincero agradecimiento a todos y cada uno de los adolescentes que han contribuido a la creación de este libro. A todos los que respondieron a mis preguntas (y ya *saben* que tengo bastantes), a todos los que leyeron fragmentos a lo largo del libro y me dieron su opinión y a todos los que me dejaron entrar en sus vidas a lo largo de los años. Gracias a ustedes, he aprendido mucho sobre quién es Jesús. Abi y Alexa Davis: ¡su ayuda fue decisiva!

Escribir se parece algo a surfear en una tormenta; a veces tienes impulso y es emocionante. A veces te tira al fondo del océano una ola enorme. Charlotte Getz y Laura Bosco, este libro no hubiera sido posible sin sus sabias habilidades de auxilio. Gracias por su amabilidad, su aliento y su excelente labor como ayudantes de edición. Chelsea Erickson, mi heroína de último momento e intercesora: puedes pulir mi redacción cuando gustes. ¡Gracias también a Amanda Martin y al equipo de P&R por cultivar y darle forma a este proyecto de manera esencial!

Estoy tan agradecida por los queridos amigos que me rodean: gracias, gracias a North Shore Fellowship, Brewsday, los Weichbrodts y toda mi familia Rooted. Cameron Cole, tu apoyo desde el principio ha mantenido mi alma a flote y ha cambiado mi vida. Meg Day y Kellie Currin, su asociación en el ministerio y su voluntad de caminar en las trincheras conmigo me han acercado más a Jesús. Danielle Avula, Brittany Crawford, Lo Alcorn y Anna LaRochelle, su hermandad constante y llena de oración siempre me devuelve a la esperanza. Heather Dirkse, tu fortaleza y tu profundo cuidado por mí han sido un terreno fértil. Robby Holt, gracias por *verme* y por cimentarnos incansablemente en la bondad de la creación. Christ Episcopal Church, gracias por revelarme la belleza de la gracia. Young Life Warrenton, no sé dónde estaría sin su fidelidad en amarme y mostrarme a Jesús todos estos años.

A todos aquellos que me han animado al decirme que tengo algo que decir: a mi club de lectura, a la generación MAC (Maestría en

Artes en Consejería) de 2014, a Monica Taffinder Tyedmers, Gaye Stone y Tracy McKay, un millón de gracias. Jim Coffield y Scott Coupland: su compasión, humildad y sabiduría moldearon mi corazón en más formas de las que jamás podría describir. Gracias por encarnar el amor de Jesús una y otra vez. A cada cliente que me permitió sentarme con ellos en su historia: muchas gracias por el enorme honor de dejarme ser parte de su jornada. Su valentía y vulnerabilidad han sido factores vitales que han contribuido a este libro.

Y a la que siempre me apoya, siempre cree en mí y siempre ora por mí, la que me ha ayudado a reírme de la monstruosa cantidad de ansiedad que me provoca escribir un devocional sobre la ansiedad: te quiero más de lo que se puede expresar con palabras, mamá. Tu deseo de honestidad y tu corazón para el Señor siguen siendo dos de mis mayores tesoros.

COMPRENDIENDO LAS EMOCIONES

La ansiedad es una emoción. Las emociones son *energía en movimiento* y tienden a manifestarse en nuestros cuerpos (por ejemplo, tensión en el cuello, mandíbula apretada, respiración entrecortada y estómago tenso). También tienden a generar pensamientos («¿Y si no les caigo bien?» «¿Y si hago algo tonto?» «¿Y si fracaso?» «Soy una persona extraña»).

La ansiedad a veces se desarrolla porque no hemos *identificado* y *sentido* otras emociones en presencia de alguien que nos ama.

En Génesis, Dios invitó a Adán a nombrar a los animales que Él había creado (2:19), y luego le dijo que los cuidara (1:28). Cuando nos tomamos el tiempo para denominar nuestras emociones, somos capaces de administrarlas mejor.

Una rueda de sentimientos es un gran lugar para aprender qué son las emociones en sí. A menudo usamos frases como: «Siento que está enojado conmigo» o «Siento que algo anda mal» para describir nuestros sentimientos. Pero esto no son emociones. Son interpretaciones de nuestras emociones. Tales declaraciones suelen estar alimentadas por emociones en sí, así que podemos consultar nuestras opciones de emociones reales en la rueda de los sentimientos. Por ejemplo, puede ser que la esencia de «Siento que está enfadado conmigo» sea que te sientes preocupado y molesto. O puede que la esencia de «Siento que algo va mal» es que te sientes culpable, ansioso y triste.

Una vez que identificamos y nombramos nuestras emociones, podemos hacer el duro (y bastante importante) trabajo de compartirlas con personas seguras y de confianza a nuestro alrededor y con el Señor. Estamos hechos para ser *conocidos* y *amados* en nuestras emociones y para sobrellevarlas los unos con los otros.

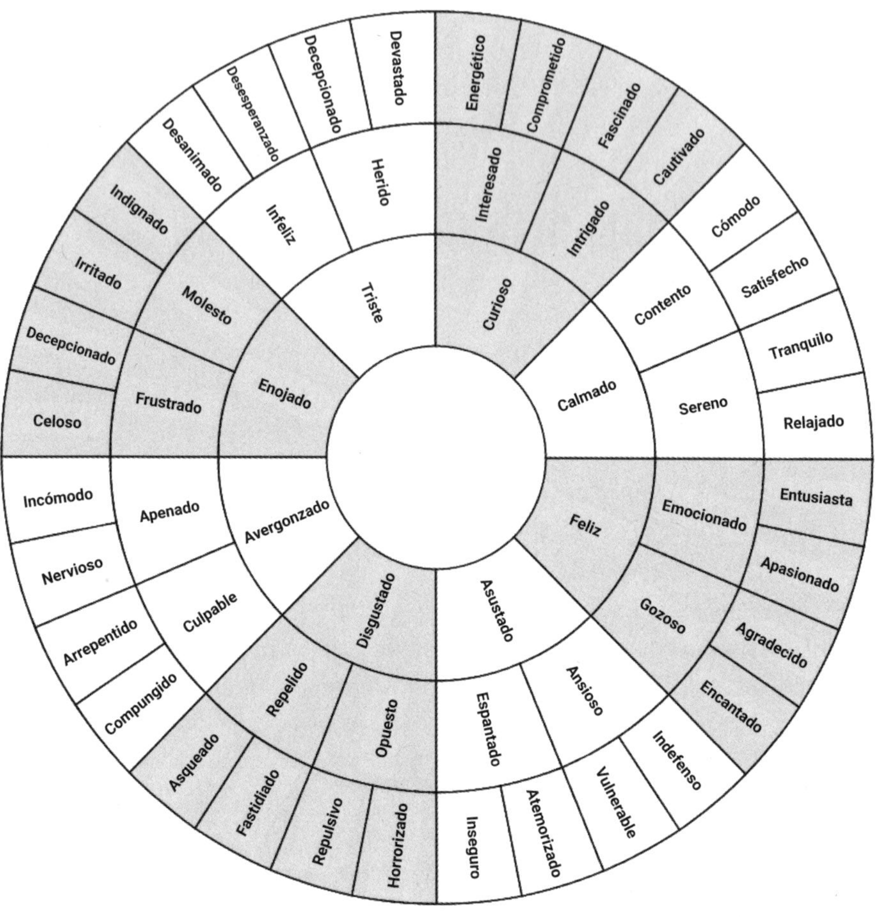

Etiquetar nuestras emociones también puede ayudarnos a ver qué pensamientos e historias han estado creciendo.

A veces nuestras emociones escriben historias falsas sobre quiénes somos. ¿Sentirte tímido en clase hizo que creciera la historia de «Soy una persona torpe»? ¿Sentirte avergonzado por no haber entrado en el equipo de baloncesto hizo que creciera la mentira de «No valgo nada»?

A veces escriben las emociones escriben historias falsas sobre los demás. Pensemos, por ejemplo, en las redes sociales. A medida que navegamos por las imágenes, nuestra soledad, nuestros celos y nuestra vergüenza pueden hacer que crezca la historia de «Sus vidas son perfectas. Les va mucho mejor que a mí».

Es útil separar nuestros pensamientos y sentimientos para poder identificar a quién o qué le estamos haciendo caso. Hay que nombrar, sentir y administrar a las emociones. Debemos escucharlas y honrarlas para que no nos dominen sin que nos demos cuenta. Estas cambian y varían, mientras que Jesucristo es el mismo ayer, hoy y siempre (He 13:8).

El mejor Regidor para nuestros pensamientos, emociones y comportamientos es el Rey Jesús, el que es *en Sí mismo* la verdad. Al nombrar nuestras emociones y las historias que suscitan, podemos ponerlas bajo el reinado del Dios que nos ama y nos conoce hasta la médula. Como lo hacen los salmistas de la Biblia, podemos llevarle a Dios todo lo que sentimos, ya sea que estemos enfadados, tristes, alegres o ansiosos. Él sale a nuestro encuentro tal y como somos, y camina en compasión con nosotros. Él mismo experimentó una gran cantidad de emociones por haber caminado por la tierra como un ser humano. No hay nadie más empático.

También es el camino, la verdad y la vida (Jn 14:6). Esto significa que podemos cotejar todas las historias que nos cuentan nuestros corazones y mentes con Su verdad para evaluar lo que es verdad. Para ello, le dedicamos tiempo a Su Palabra, a la oración y a la comunión con otros creyentes.

NOTAS

DÍA 3: ORDEN A PARTIR DEL CAOS

1   William David Reyburn y Euan McGregor Fry, *A Handbook on Genesis* [Un manual sobre Génesis] (Filadelfia: American Bible Society, 1997), 30.

DÍA 22: DIOS NOS SOSTIENE

2   Discurso inaugural de Kuyper en la dedicación de la Free University, citado en *Abraham Kuyper: A Centennial Reader* [Abraham Kuyper: lector centenario], ed. James D. Bratt (Grand Rapids: Eerdmans, 1998), 488

DÍA 27: RENDIR NUESTRA LEALTAD AL REY JESÚS

3   Timothy Keller y Kathy Keller, *The Meaning of Marriage: Facing the Complexities of Commitment with the Wisdom of God* [*El significado del matrimonio: cómo enfrentar las dificultades del compromiso con la sabiduría de Dios*] (Nueva York: Penguin Books, 2011), 68.

DÍA 30: PROMULGAR LA HISTORIA COMPLETA

4   C. S. Lewis, *El sobrino del mago* (Barcelona: Editorial Planeta, 2017), 160–162.

La misión de Rooted Ministry es equipar y capacitar a las iglesias y a los padres para discipular fielmente a los estudiantes hacia una fe de por vida en Jesucristo. Nuestra visión es transformar el ministerio juvenil y familiar para que cada estudiante reciba un discipulado lleno de gracia, centrado en el evangelio y saturado de Biblia en la iglesia y en el hogar.

Rooted nació como respuesta a la crisis en la vida espiritual de los jóvenes. Lo que comenzó con una pequeña conferencia se ha convertido en un movimiento para que el ministerio juvenil centrado en el evangelio se convierta en la experiencia habitual de los adolescentes en toda la iglesia. Rooted promueve el ministerio juvenil centrado en el evangelio a través de conferencias, grupos regionales, Rooted Reservoir (nuestro programa de formación en vídeo y plan de estudio), un blog, pódcast y libros.

El libro de Rooted del 2021, *The Jesus I Wish I Knew in High School* (El Jesús que hubiera querido haber conocido en la preparatoria), presenta historias de treinta autores sobre acoso escolar, trastornos alimenticios, adicción, racismo, conflictos familiares y la intensa presión por alcanzar logros, demostrando cómo conocer a Jesús trae reposo y sanidad. En 2023, P&R Publishing y Rooted lanzaron la Serie de 31 Días: Devocionales para Adolescentes. El primer libro de la serie, *La ansiedad: en busca de una mejor historia* de Liz Edrington, ganó el premio de Coalición por el Evangelio en 2023 en la categoría de literatura devocional.

Rooted adopta un enfoque sencillo del ministerio juvenil basado en nuestra comprensión de las Escrituras y validado por la investigación sobre modelos eficaces para cultivar una fe duradera en los jóvenes. Enfatizamos cinco pilares del ministerio juvenil, los cuales incluyen la centralidad del evangelio, la profundidad teológica a través de la enseñanza bíblica, el discipulado relacional, la colaboración con los padres y la integración con todo el cuerpo de la iglesia.

Rooted utiliza este marco para promover el discipulado fiel de los jóvenes a través de los adultos que los aman. Imagina el impacto en las vidas de los adolescentes si cada semana se les enseña la Palabra de Dios, se ora por ellos y se les orienta para que comprendan la gracia de Dios para ellos a través de Cristo. Rooted está alcanzando a miles de estudiantes al equipar a sus líderes para este tipo de ministerio significativo.

Para saber más sobre Rooted, visita www.RootedMinistry.com.

Descubre otros libros en español de
P&R Publishing en:

www.prpbooks.com/translations/spanish